D1690158

Uwe Gerig

RÜGEN · HIDDENSEE · 50 EINBLICKE

Herausgegeben von
Uwe Gerig

CIP-Titelaufnahme der Deutschen Bibliothek
Gerig, Uwe:
Rügen/Hiddensee, 50 Einblicke. Ruth Gerig Verlag
Königstein 1991
ISBN 3-928275-03-8

© 1991 Ruth Gerig Verlag
Forellenweg 25, D-6240 Königstein/Taunus
Telefon (0 61 74) 2 20 31, Fax (0 61 74) 2 50 03
Konzeption, Reihenentwurf, Text und Fotos: Uwe Gerig
Gesamtherstellung: studiodruck, 7440 Nürtingen-Raidwangen

Titelfoto
1 Fährhafen Saßnitz

Rückseite
50 Baumallee bei Lancken-Granitz

ISBN 3-928275-03-8

RÜGEN
HIDDENSEE

50 EINBLICKE

RUTH GERIG VERLAG

2 Deutschlands größte Insel

Rügen ist 973 km² groß. Wer alle Strände der Insel an Ostsee und Bodden ablaufen wollte, müßte 563 km gehen. Der Name „Rügen" bedeutet „zerrissenes Land". Schmale Landbrücken führen zwischen den Boddenwässern hindurch zu den Halbinseln Wittow, Jasmund, Mönchgut und Zudar. Fernab von den Badestränden finden Erholungssuchende ausgedehnte Wälder in der Granitz oder auf der Stubnitz, wo außer den Naturschönheiten, den Kreidefelsen und Buchenwäldern, frühgeschichtliche Begräbnisstätten sehenswert sind. Geologen glauben, daß Rügen vor etwa 25 000 Jahren noch zum schwedischen Festland gehört haben muß. Als die letzten Gletscher der Nacheiszeit getaut waren und die Ostsee um etwa 25 Meter anstieg, versanken tiefer liegende Landteile im Wasser. Vorgeschichtliche Grabfunde beweisen, daß Rügen seit etwa 7000 Jahren besiedelt ist. Heute leben dort etwa 85 000 Menschen. Zum Kreis Rügen gehört auch die im Nordwesten vorgelagerte, langgestreckte Insel Hiddensee.

Hier beginnt Rügen: Rügendamm bei Stralsund

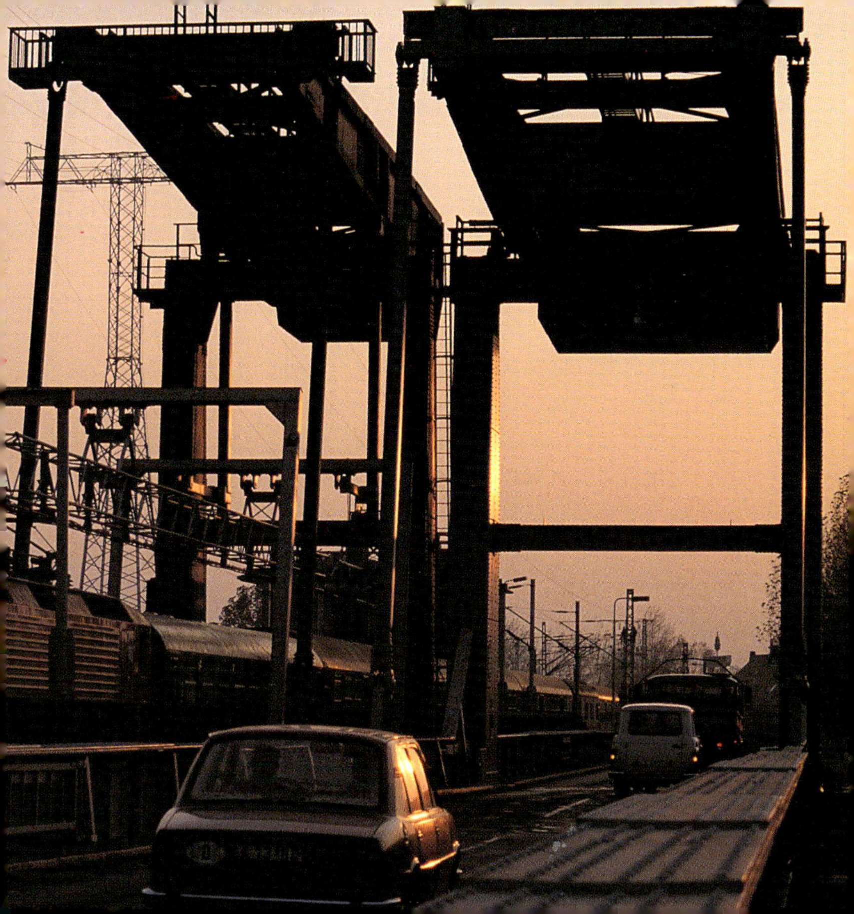

3 König als Bergsteiger?

Rügen war einst ein Wahl-Königtum. Zu ihrem König erkoren die Bewohner nur den Stärksten und Kühnsten und zum Beweise der Kühnheit verlangten sie, daß er den Königstuhl von der Seeseite her erklettern müsse. Wenn der sportliche Mann glücklich oben angelangt war, wurde ihm als Herrn des Landes gehuldigt. Nach einer anderen Überlieferung soll der Königstuhl seinen Namen daher erhalten haben, daß der Schwedenkönig Karl XII. am 8. August 1715 von dort aus einem Seegefecht zwischen Dänen und Schweden zugeschaut habe. Das Aussichtsplateau auf dem 117 m hohen Königstuhl wird alljährlich von einer Viertelmillion Menschen besucht. Doch Bodenerosion nagt beängstigend an Rügens Wahrzeichen.

Der sagenhafte Königstuhl

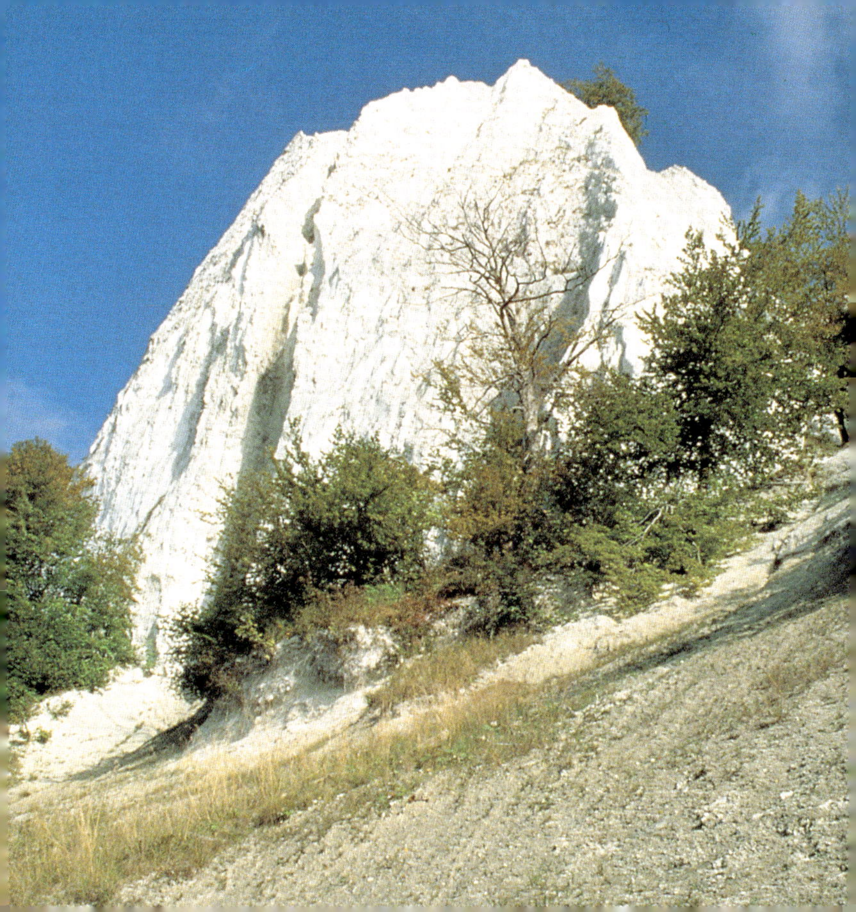

4   Feme-Mord im Schloß?

Am Jasmunder Bodden liegt Schloß Spyker. Der dreigeschossige verputzte Backsteinbau mit den vier Ecktürmen stammt aus dem 16. Jahrhundert. 1649 hatte es der schwedische Reichsadmiral Carl Gustav von Wrangel erworben. Der Feldherr befehligte in den letzten Jahren des Dreißigjährigen Krieges die schwedischen Truppen in Deutschland. 1676 soll er, 63jährig, auf Schloß Spyker gestorben sein. Um seinen Tod ranken sich Legenden. Es heißt, Graf Wrangel habe es abgelehnt, die schwedischen Truppen in der Schlacht bei Fehrbellin zu kommandieren. Daraufhin sei er in einem Geheimverfahren zum Tode verurteilt worden. In der Nacht zum 24. Juni 1676 soll ein Stralsunder Scharfrichter das Femeurteil vollstreckt und den Reichsadmiral in seinem Schloß enthauptet haben.

Prachtbau in den Wiesen: Schloß Spyker

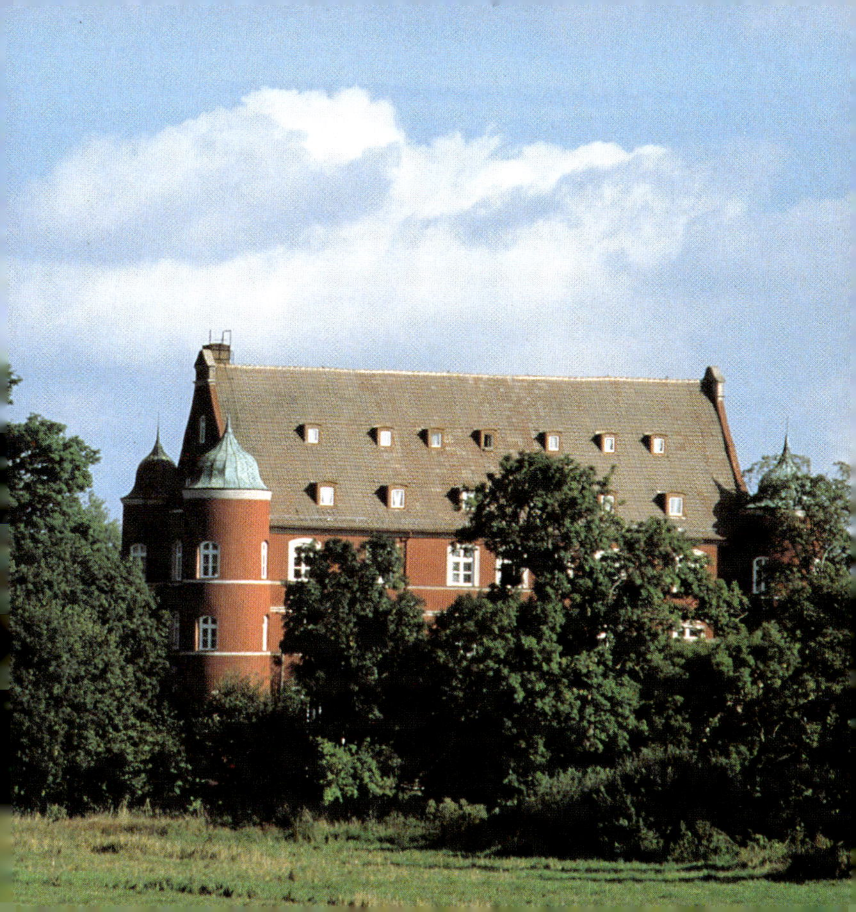

5   Gräber für Hünen

Frühgeschichtliche Begräbnisstätten sind überall auf Rügen zu finden. Fünf bis sieben gewaltige Steine, aufrecht stehend in die Erde eingelassen, bilden die Wände einer rechteckigen oder ovalen Grabkammer. Der Tote wurde in der Regel lang ausgestreckt, seltener in Hocklage, hineingelegt. Beigegeben wurden ihm seine Arbeits-Werkzeuge, auch Lanzen und Feuersteindolche. Mehrere Tongefäße, verziert mit Mustern, enthielten Speisen und Getränke für den Verstorbenen. Die Begräbnisstätte wurde mit einer Schicht kleiner Steine abgedeckt. Darüber wurde eine Lehmdecke gelegt. Mehrere riesige Decksteine schlossen das Grab.

Hünengrab bei Lancken-Granitz

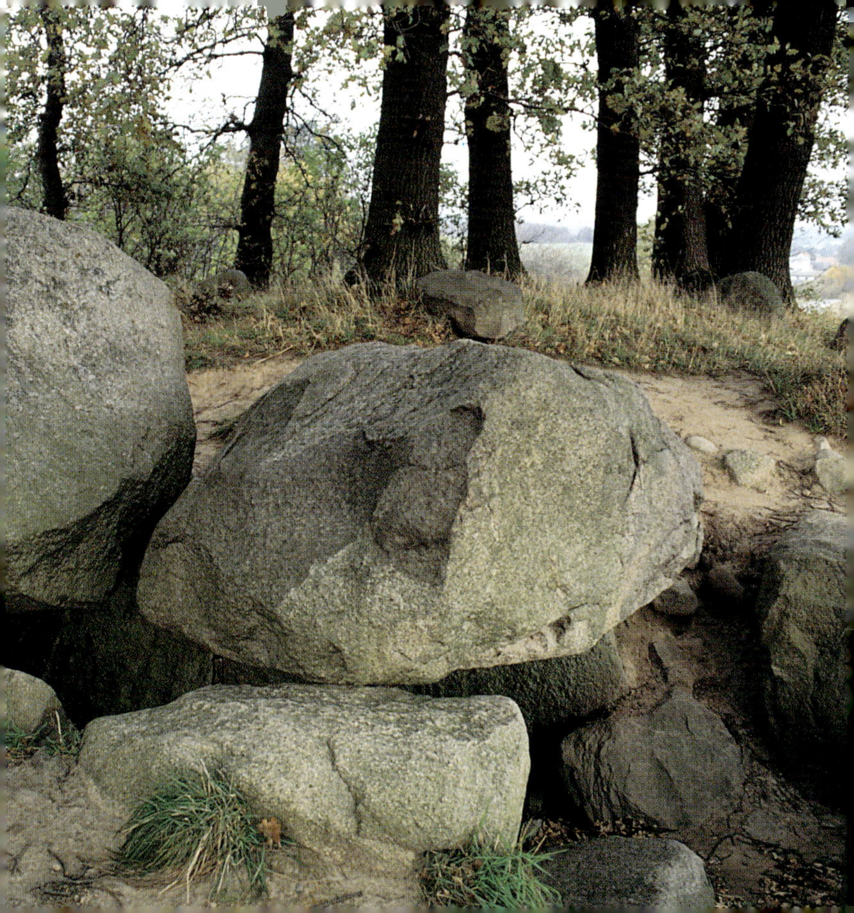

6 Fischplatz im Norden

In hanseatischen Urkunden wurde der Ort an der Nordspitze Rügens nahe des Kap Arkona „grote Vitte up Wittow" genannt. „Vitte" bedeutete „Fischplatz" oder „Umschlagort für Kaufleute". Auf solchen Fischhandelsplätzen, den „Vitten", wurde einst der gefangene Fisch gesalzen, verpackt und zum Abtransport vorbereitet. Im 14. Jahrhundert gab es auf Rügen drei solcher Plätze. Das kleine Dorf Vitt wird noch heute von Fischern bewohnt. Die dreizehn mit Schilfrohr gedeckten Häuschen sind eine versteckte Sehenswürdigkeit am Ende einer 40 Meter tiefen, engen Schlucht direkt am Ufer.

Fischerhaus in Vitt

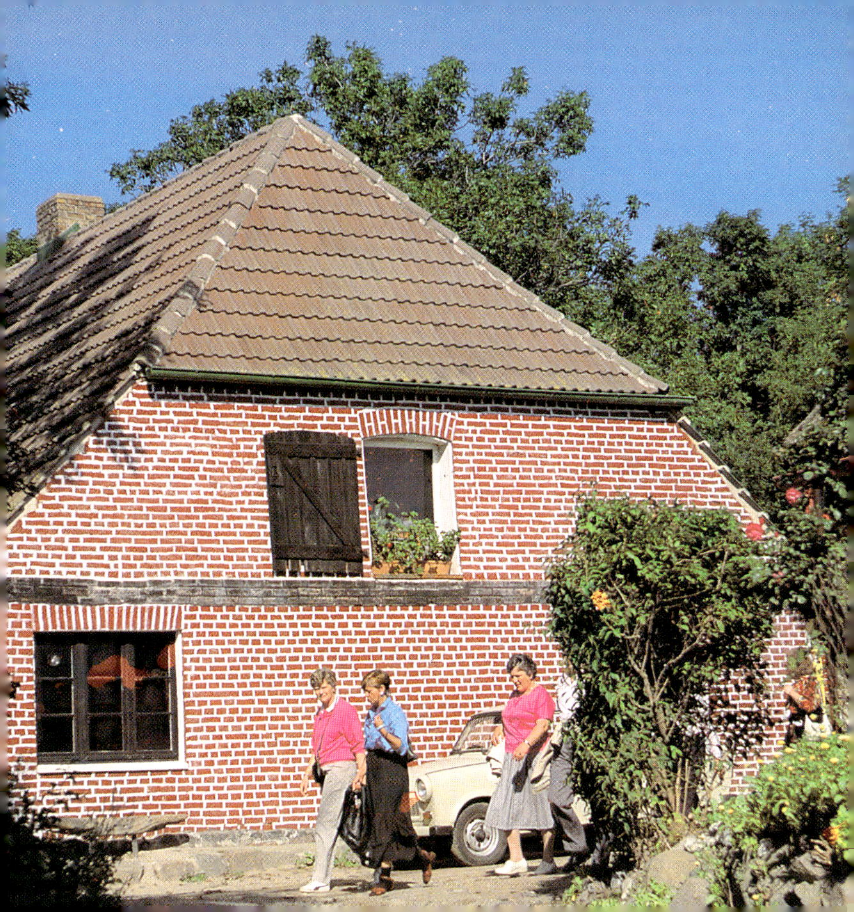

7 Ewige Liebe

Der jungverheiratete Dichter Gerhart Hauptmann verlebte den Sommer 1885 mit seiner Frau und den beiden Geschwistern Carl und Martha sowie dem Freund Hugo Ernst Schmidt in Göhren auf der Insel Rügen. Gemeinsam unternahmen sie Wanderungen. Von Rügen aus besuchten sie am 29. Juli 1885 die Insel Hiddensee. Dieser Aufenthalt wird durch eine Eintragung in das Gästebuch des Gastwirtes Schlieker in Kloster dokumentiert. Hauptmann verlebte später regelmäßig den größten Teil des Sommers auf Hiddensee und einen Teil der Wintermonate an der italienischen Riviera. Den ständigen Ortswechsel motivierte er so: „Mein Frühjahr muß früh sein, mein Herbst spät, wenn Früchte reifen sollen." Seinem letzten Willen entsprechend wurde Gerhart Hauptmann auf dem Insel-Friedhof von Kloster begraben.

Nördlichster Punkt Deutschlands: Kap Arkona

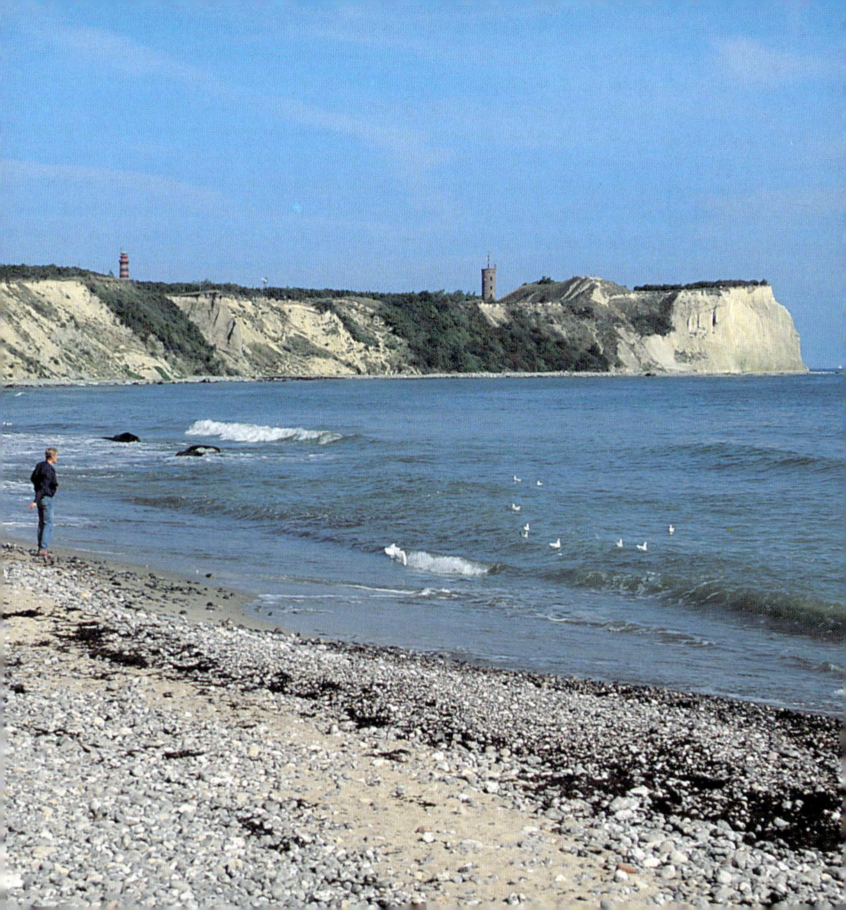

8 Klosterkirche St. Marien

St. Marien in Bergen ist die älteste Kirche auf Rügen. Fürst Jaromar I. ließ um 1180 den Bau einer romanischen Basilika beginnen. Als Klosterkirche des Nonnenklosters Bergen wurde das Gotteshaus 1193 geweiht. Die Marienkirche gehört zu den bedeutendsten Denkmalen der dänisch-norddeutschen Backsteinbaukunst. Baugeschichtlich verwandt mit der Bergener Kirche sind der Dom zu Ratzeburg, der Lübecker Dom und St. Blasius in Braunschweig. Ein slawischer Grabstein ist in die Westwand eingemauert. Er zeigt das Reliefbild eines barttragenden Mannes, von dem angenommen wird, daß er den heidnischen Swantewit-Glauben bannen sollte.

Swantewit-Stein in Bergen

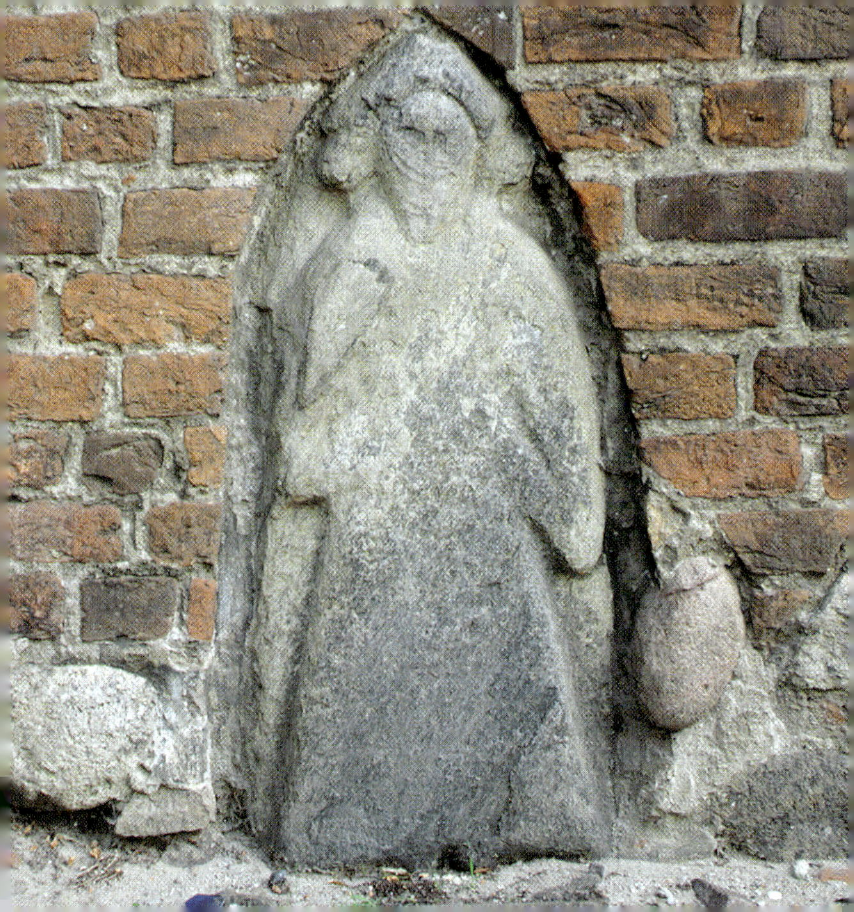

9 Leben im Drachenhaus

Der Maler und Dichter Max Dreyer hatte sich auf einem Hügel bei Göhren 1901 ein Haus gebaut. Den Blick von seiner Veranda über die Halbinsel Mönchgut nannte der Künstler den „unerschöpflichsten in Deutschland". Dreyer hat 45 Jahre in seinem „Drachenhaus" gelebt und gearbeitet. Der bedächtige Mecklenburger war begeistert von der Landschaft, die ihn künstlerisch prägte: „Nur ein Gestade gibt es auf der ganzen Welt, das diesem ähnlich ist, so zerklüftet, mit so wunderbar wechselnden weichen und scharfgerissenen Linien, und ebensolche Zwiesprache hält mit dem Himmelslicht: die griechische Küste!"

Schafherde auf dem Mönchgut

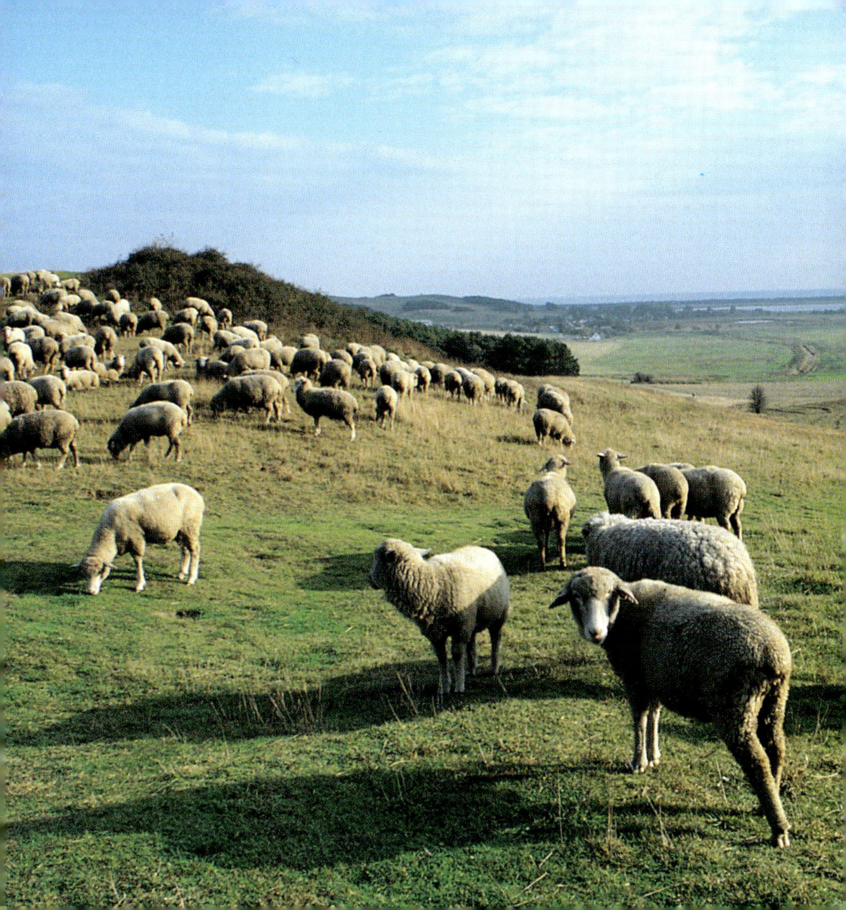

10 Jagdschloß Granitz

Moritz Ulrich I, Herr zu Putbus, ließ 1723 ein erstes Jagdhaus auf der Granitz bauen. 1834 entwickelte Fürst Malte I. Pläne zum Bau eines Jagdschlosses. 1837 war Baubeginn nach einem abgeänderten Plan des Berliner Baumeisters J. G. Steinmeyer. Karl Friedrich Schinkel leitete die Bauausführung und entwickelte weitere Bauvarianten. 1846 wurde die gußeiserne Treppe im Mittelturm eingebaut. Nach 1851 wurden Torhäuser an der Straße zum Jagdschloß errichtet. 1905 folgte die Erneuerung einiger Innenräume im Stil der Neorenaissance. 1982 begann die letzte Generalreparatur des Jagdschlosses. Die unteren Räume sollen jetzt ständigen Ausstellungen vorbehalten sein.

Geniale Konstruktion: Treppenhaus Schloß Granitz

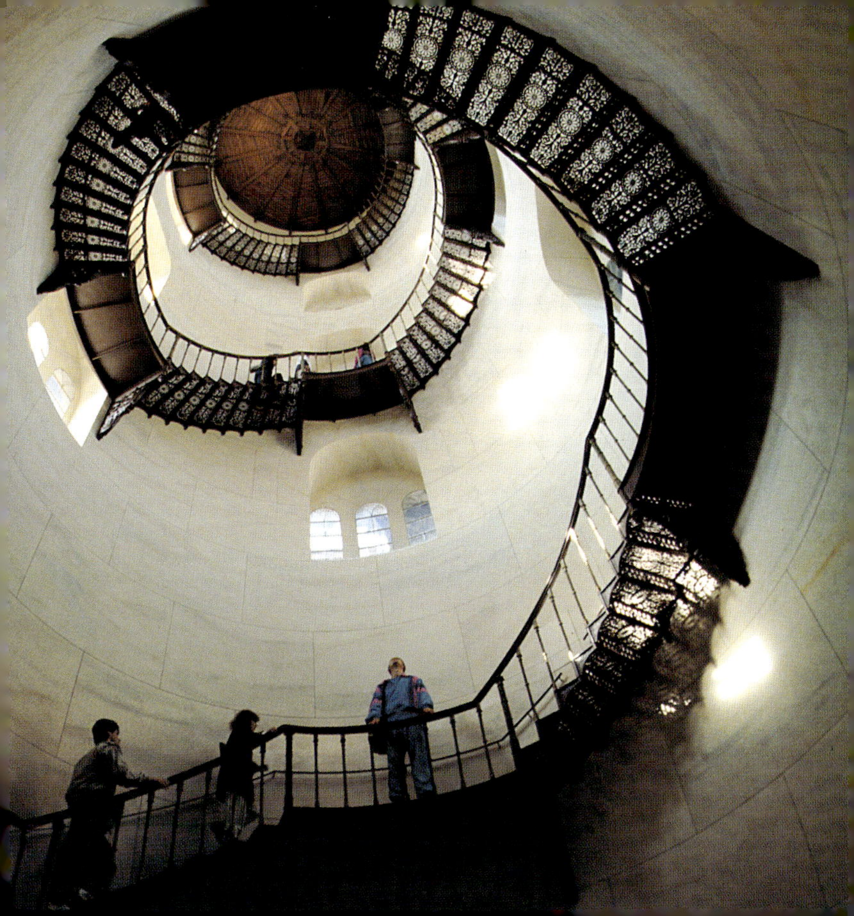

11 Königliche Gäste

Am 17. Juni 1843 besichtigten König Friedrich Wilhelm IV., der tags zuvor mit dem Dampfer „Friedrich Wilhelm" in Lauterbach angekommen war, und König Christian VI. von Dänemark das damals im Rohbau fertige Schloß Granitz. Im Gefolge des preußischen Königs befanden sich u.a. Alexander von Humboldt und General von Wrangel. Am 2. Juli 1846 kam König Friedrich Wilhelm IV. erneut zum Jagdschloß. In seiner Begleitung befanden sich der König von Sachsen, Prinz und Prinzessin Karl von Preußen mit Kindern und die Königin von Schweden mit Kindern. Zwei Tage später wurde auf dem Jagdschloß der Geburtstag des Königs von Schweden gefeiert. Am 1. Juli 1863 traf der Kronprinz mit seiner Familie zu fünfwöchigem Aufenthalt in Putbus ein. Am 7. Juli notierte er seinen Namen in dem auf dem Jagdschlosse ausliegenden Fremdenbuch als „Statthalter von Pommern". Als am 23. Dezember 1865 das Schloß von Putbus abbrannte, siedelte die fürstliche Familie nach Schloß Granitz über.

Jagdschloß Granitz

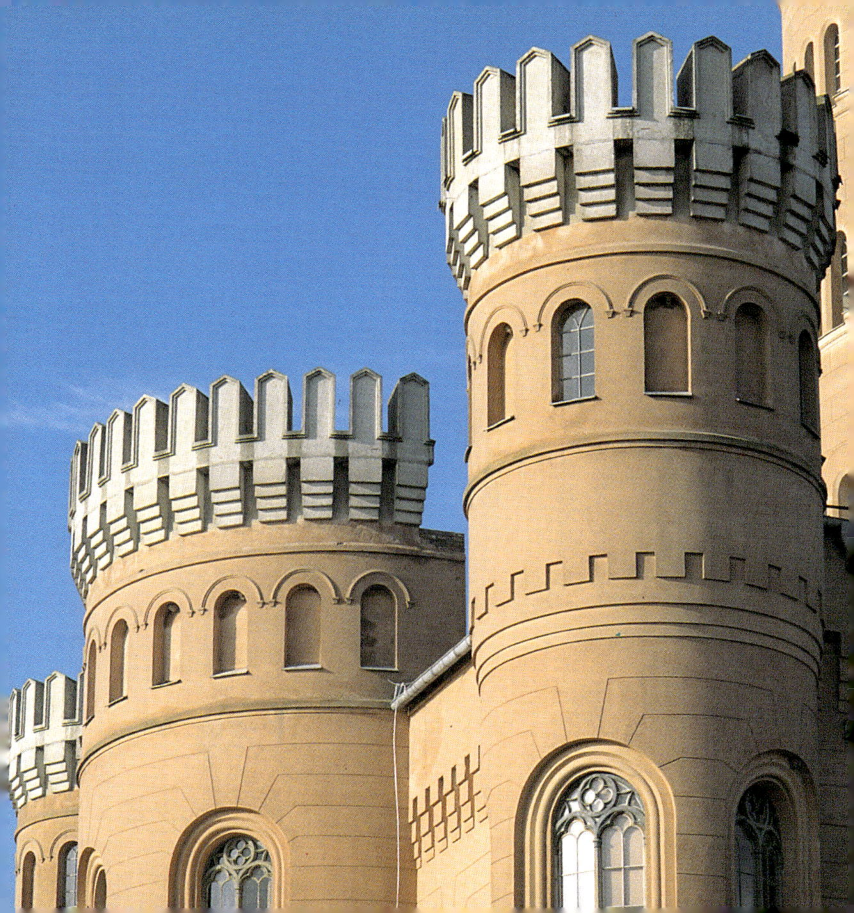

12 Fleißige Leute

Johann Jacob Grümbke notierte im Jahre 1803 über die Einwohner im Südosten Rügens: „Die Mönchguter sind fleißige, erwerbsame Leute und daher herrscht unter den meisten ein gewisser Wohlstand, aber auch von Eigennutz und Gewinnsucht kann man sie nicht ganz freisprechen. Das Zeug zu ihren Kleidungen spinnen, weben und färben sie selbst, teils aus Sparsamkeit, teils aus Besorgnis, daß es anderswo nicht ganz nach ihrer Mode bereitet werden möchte. Die Männer betreiben den Ackerbau oder den einträglichen Fischfang, und der Hering, den sie bis zum späten Herbst fangen und frisch oder geräuchert und eingesalzen verkaufen, bringt ihnen reichen Gewinn. Auch im Haus ist ihre Betriebsamkeit größer als die auf Rügen. Die Knechte dreschen noch abends spät bei Laternenschein, oder stricken und bessern ihre Netze oder verfertigen Nützzeug, und die Mädchen spinnen Wassergarn zu den Netzen..."

Beschaulichkeit und Ruhe: Schnack in Schaprode

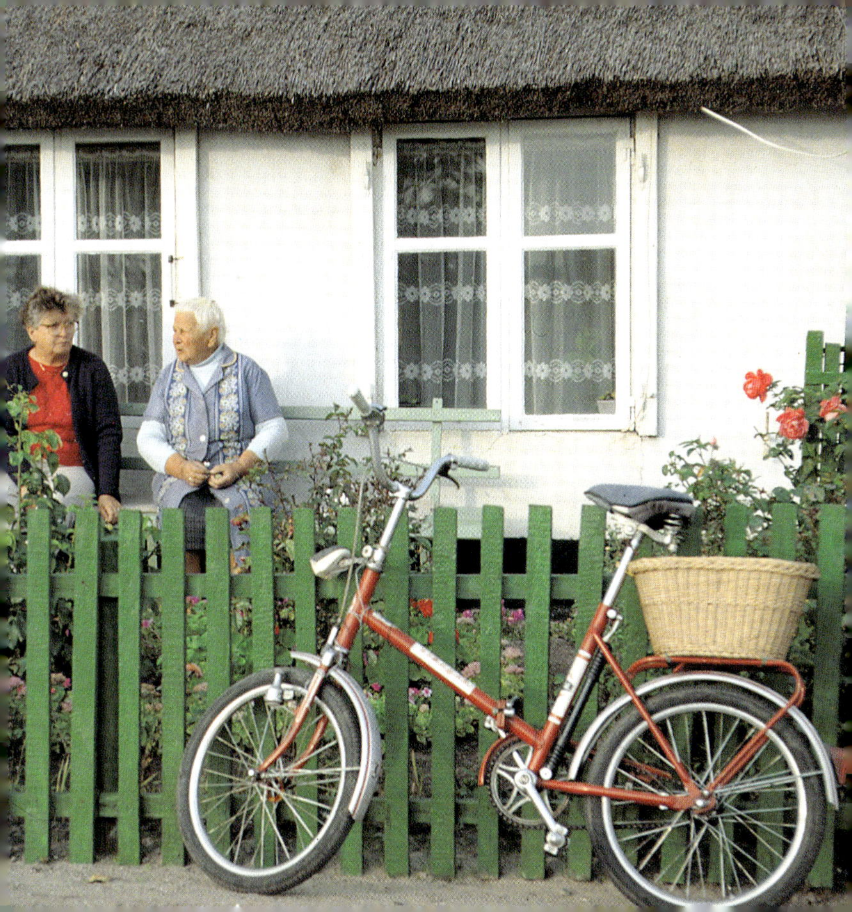

13 Fische und Fähren

Am 7. Juli 1909 fand im Schloß Dwasieden bei Saßnitz eine Feier in Anwesenheit des deutschen Kaisers und des schwedischen Königs statt. Zwei Tage später begann offiziell der Eisenbahn-Trajekt-Verkehr zwischen Trelleborg und Saßnitz auf der 107,5 Kilometer langen „Königslinie". Zunächst wurde die Linie von den beiden deutschen Fährschiffen „Preußen" und „Deutschland" sowie der schwedischen „Drotting Victoria" betrieben. 1910 wurde zusätzlich die schwedische Fähre „Konung Gustav V." in Dienst gestellt. Auf der „Königslinie" verkehren jetzt u.a. die „Saßnitz", ein Eisenbahn-Kraftfahrzeug-Passagierschiff (Länge: 117 Meter, Breite: 24 Meter, Tragfähigkeit: 5000 t, 800 Passagiere, Geschwindigkeit zirka 21,5 Knoten), auf dessen Eisenbahndeck 56 Güterwagen oder 23 Reisezugwagen je Fahrt befördert werden können. Außerdem verkehren die Fährschiffe „Trelleborg", „Götaland", „Rostock" und „Rügen". Seit 1890 ist Saßnitz auch zu einem bedeutenden Fischereihafen ausgebaut worden.

Fischereihafen Saßnitz

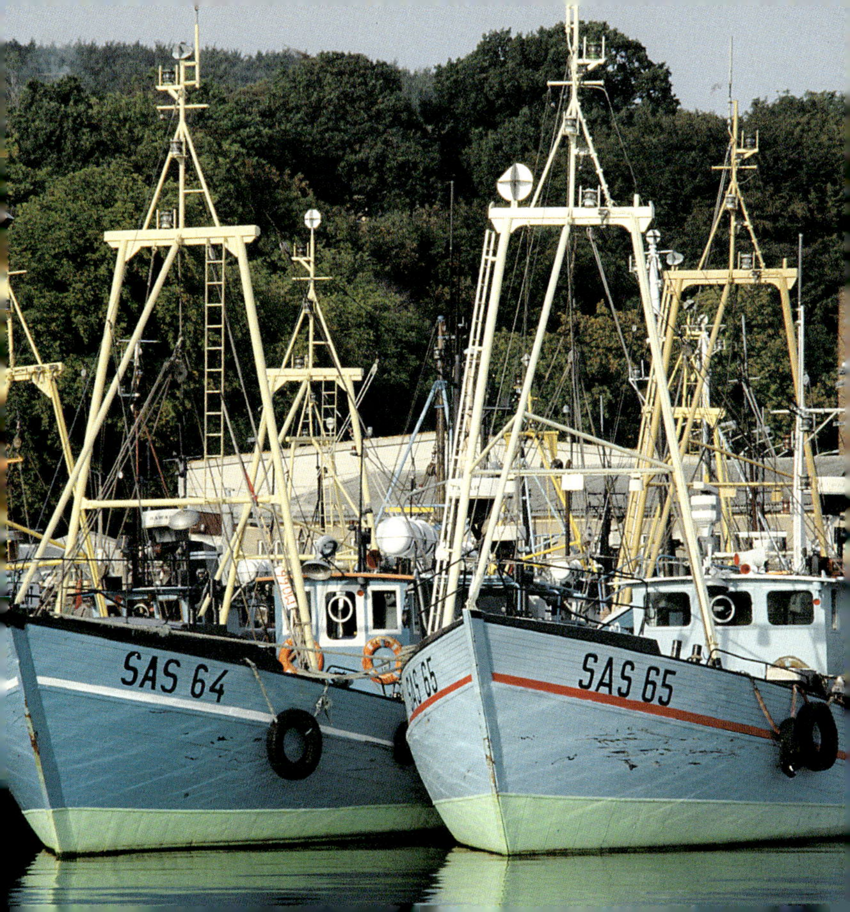
SAS 64
SAS 65

14 Der Pastor von Gingst

Johann Gottlieb Picht (1706–1810) war viele Jahre lang Pastor des kleinen Ortes. Zu Beginn des 19. Jahrhunderts wohnten dort nur wenige „freie" Familien. Die meisten Menschen waren „gutsuntertänig", entweder unter dem Pastorat, einer Gutsherrschaft oder unter dem königlichen Amt Bergen. Pastor Picht war bestrebt, diesen Menschen die bürgerlichen Freiheiten zu geben. Für die Kinder strebte er eine gute Schulbildung an. Im Jahre 1773 konnte er in seiner Gemeinde 37 Familien in die Freiheit entlassen. Bei der „Freigebungsfeier" sagte Pastor Picht: „Seid frei! Seid tugendhaft! Seid glücklich!" Andere Gutsherren folgten dem Beispiel und entließen ebenfalls ihre Untertanen aus der Leibeigenschaft. In Gingst förderte Pastor Picht die Entwicklung der Damastweberei, deren Erzeugnisse bald weithin bekannt wurden und den Handwerkern ein gutes Einkommen sicherten. Im historischen „Efeuhaus", das noch aus dieser Zeit stammt, ist heute ein Museum eingerichtet worden.

Handwerker-Museum Gingst

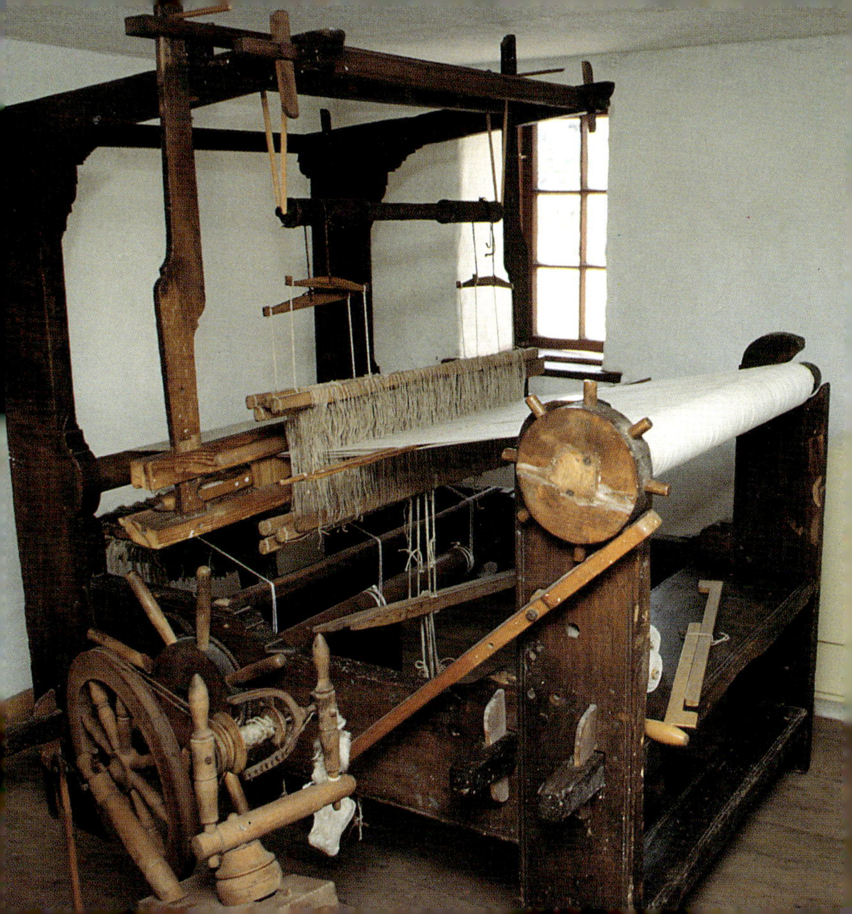

15 Beglückende Meeresfluten

Der Rügenische Sommer liegt hinter mir. Wie oft habe ich nach dieser Insel geblickt, und sie ist mir, wie oft schon, Erneuerung des Leibes und der Seele gewesen. Glanz, Frische, südlich-lockende und beglückende Meeresfluten, erheitern mich jetzt, sogar in meinem tristen Pensionszimmer, wenn ich an dieses Stück grüner, Meer umspülter Erde denke, den weiten, mitunter von seltsam erhabenen Wolkengebilden beseelten Himmelsraum. Der Süden hat kaum, wenn ich Capri ausnehme, etwas gleich verlockendes. Die Sirenen Rügens nehmen, nicht um zu töten, sondern um zu verjüngen, den Seefahrer des Lebens an die Brust.

Gerhart Hauptmann, 27. Juli 1895, Tagebucheintragung.

Wasser und Himmel: Bodden bei Groß Zicker

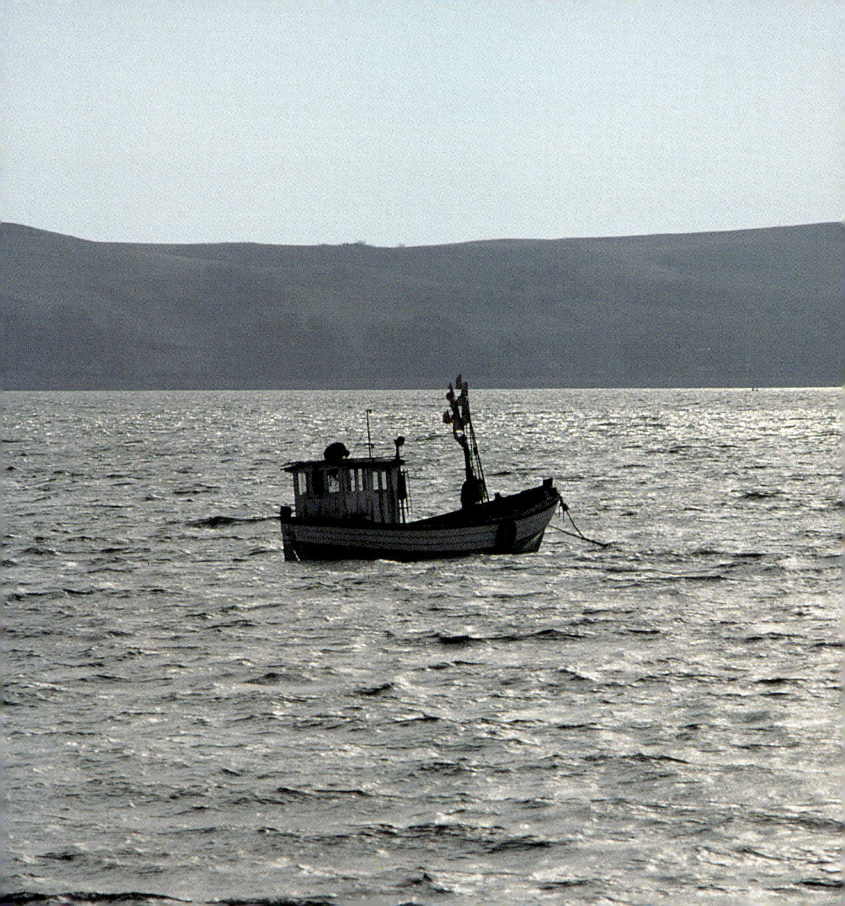

16 Rebell aus Schoritz

Im Gutshaus von Groß-Schoritz wurde am 26. Dezember 1769 Ernst Moritz Arndt als zweites Kind des Gutsinspektors Ludwig Arndt und dessen Frau Wilhelmine geboren. Arndt studierte an der Universität Greifswald ab 1791 Theologie. Diese Studien setzte er 1793 in Jena fort. In Altenkirchen auf Rügen, wo Arndt ab Herbst 1796 eine Hauslehrerstelle bei Pfarrer Kosegarten angenommen hatte, faßte er den Entschluß, auf die geistliche Laufbahn zu verzichten. „Ich wollte denn der Geistlichkeit ade sagen und mich in die volle Weltlichkeit hineinstürzen." Für Arndt war die Leibeigenschaft der Bauern „ein Unrecht, eine unnötige und ... ungerechte Einschränkung des Strebens ... Dinge ..., welche durch ihre Bestialität die Humanität unterdrücken, können durch keine Ursopation zu rechten werden."

Arndts Geburtshaus in Groß-Schoritz

Hier ist E. M. Arndt am 26. Dez. 1769 geboren

17 Licht am Kap

Vor dem Kap Arkona gefährden Untiefen in der Ostsee die Schiffahrt. Um die Sicherheit der Schiffe zu erhöhen, wurde in den Jahren 1826/27 der heute älteste Leuchtturm an der Ostseeküste nach einem Entwurf von Karl Friedrich Schinkel erbaut und am 10. Dezember 1827 in Betrieb genommen. Das Leuchtfeuer auf dem 19,3 Meter hohen Turm war ein Festfeuer aus 17 Rüböl-Lampen, die in zwei Ebenen angebracht waren. Das Licht reichte durch die verwendeten parabolischen Scheinwerfer etwa acht Seemeilen weit. Bis zum 2. Dezember 1902 war dieser Leuchtturm in Betrieb. Seitdem werden vom neuen, 35 Meter hohen runden Turm, von zwei Spezialglühlampen mit je 1000 Watt Signale ausgesandt, die noch in einer Entfernung von 22 Seemeilen sichtbar sind. Dieses Blitzfeuer wiederholt alle 17,5 Sekunden das für Arkona international festgelegte Orientierungslicht, das aus einer Blitzgruppe von drei Blitzen besteht. Seit 1980 trägt der Leuchtturm, entsprechend einer Vereinbarung der internationalen Seezeichenkonferenz schwarz-rote Streifen.

Der neue und der alte: Leuchttürme am Kap Arkona

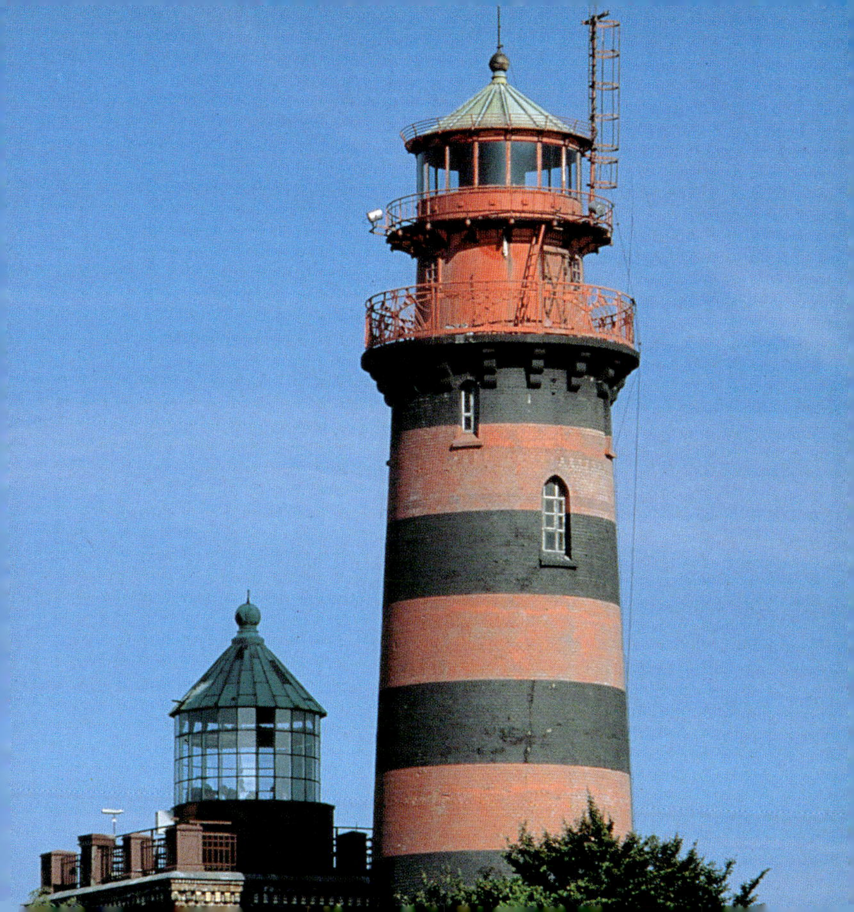

18 Musentempel

Nach Plänen des Baumeisters Karl Friedrich Schinkel wurde in den Jahren 1819 bis 1821 das Hoftheater von Putbus erbaut. Karl-Friedrich Graf von Hahn, der „Theatergraf", war ein Freund des Putbuser Fürsten und begeistert den schönen Künsten zugetan. Mit den Resten seines Vermögens ließ er für die Schauspieler ein Logierhaus, das spätere Hotel „Fürstenhof", erbauen. Kurios: In Nebengebäuden, auf dem Hof des Theaters, befand sich einst das Putbuser Gefängnis. Als Hauptmann 1886 in Putbus weilte, nahm er Kontakt zur Theatertruppe auf. Sein 1936 veröffentlichter Theaterroman „Im Wirbel der Berufung" spielt stellenweise in Putbus. Nach beginnendem Verfall wurde der Bau 1952 repariert und am 29. August 1953 mit der Premiere „Minna von Barnhelm" wiedereröffnet.

Das Residenztheater Putbus

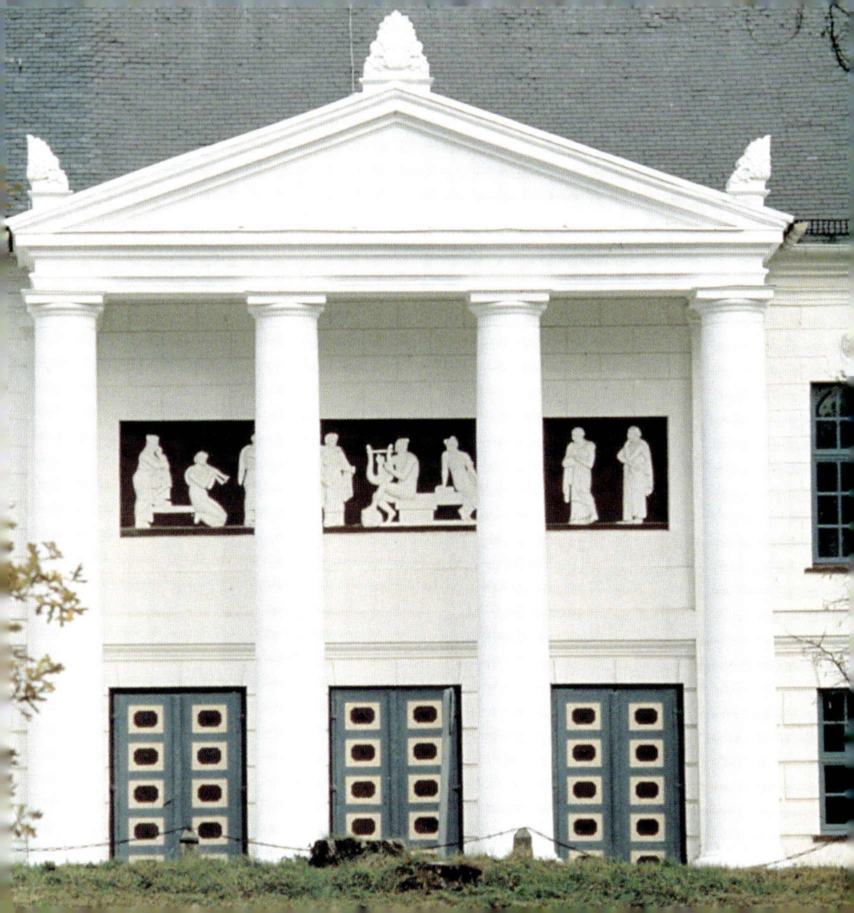

19 Rasender Roland

Am 22. Juli 1895 wurde die Teilstrecke Putbus-Binz der rügenschen Kleinbahn eingeweiht, die man später nach Sellin und Göhren verlängerte. Am 13. Oktober 1899 war die 24,4 Kilometer lange Strecke Putbus-Göhren fertiggestellt. Gleichzeitig waren zwei andere Kleinbahnstrecken, von Altefähr nach Putbus und von Bergen nach Altenkirchen (15. Dezember 1896 eröffnet) erbaut worden. Die Kleinbahnstrecke in den Norden Rügens endete am Wasser bei Wittow. Von dort wurden die Bahnwaggons mit den beiden Dampffähren „Wittow" und „Jasmund" im Trajektbetrieb über den Bodden gebracht. Bis auf die Strecke Putbus-Göhren, wo nach 1900 auch Speisewagen und Theaterzüge verkehrten, wurden nach 1945 alle Kleinbahnstrecken auf Rügen demontiert. Jetzt verkehrt nur noch der „Rasende Roland" – eine große Touristenattraktion.

Viel Dampf, viel Spaß: Die Kleinbahn

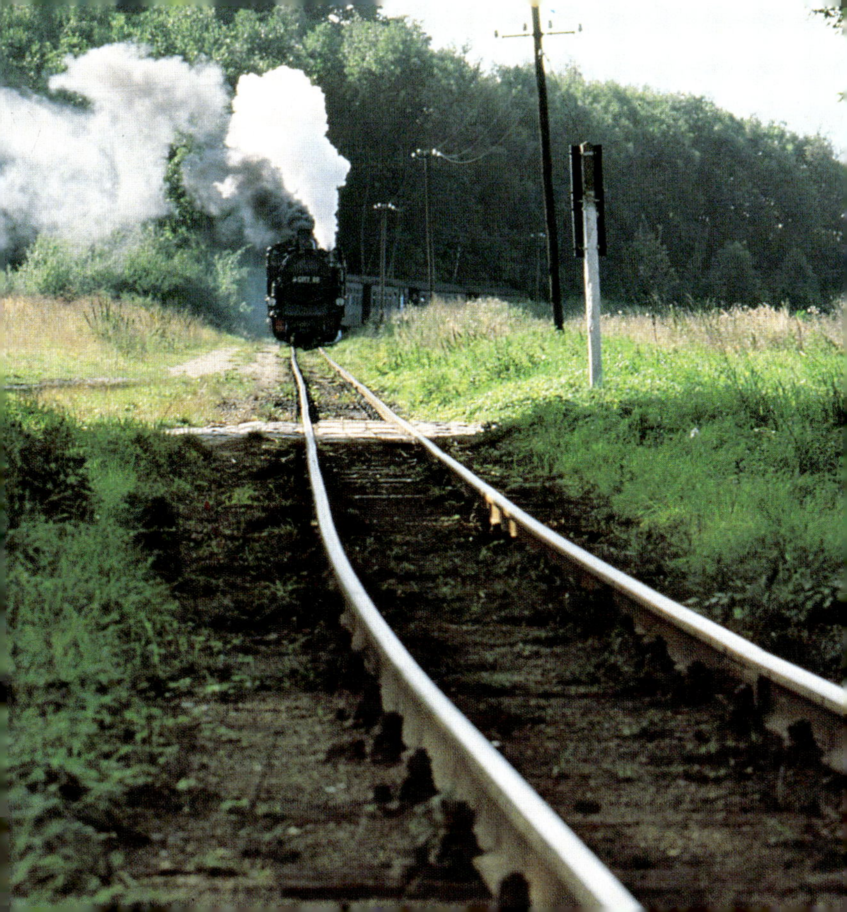

20 Kritische Worte

Kurz, für das schwedische Pommern galt noch um das Jahr 1800 der lichtenbergische Scherz in seiner vollen Bedeutung einer hübschen Preisfrage: Eine Salbe zu erfinden zur Einschmierung der Bauern, damit sie drei- viermal geschoren werden können. Diese Greulichkeit hatte ich mit angesehen, und sie hatte mich empört. In Rügen waren noch in meinen Tagen eine Menge Dörfer verschwunden, und die Bewohner der Höfe waren als heimatlose Leute davongetrieben, so daß die, welche früher Knechte gehalten hatten, nun selbst auf den großen Höfen wieder als Knechte und Mägde dienen mußten ... In diesem Lande ist in der Verteilung des Grundbesitzes ein trauriges Unverhältnis, ja, die Insel Rügen hat in dieser Hinsicht in ganz Deutschland nicht ihresgleichen ...

Ernst Moritz Arndt, „Erinnerungen aus dem äußeren Leben".

Steilufer bei Lobbe

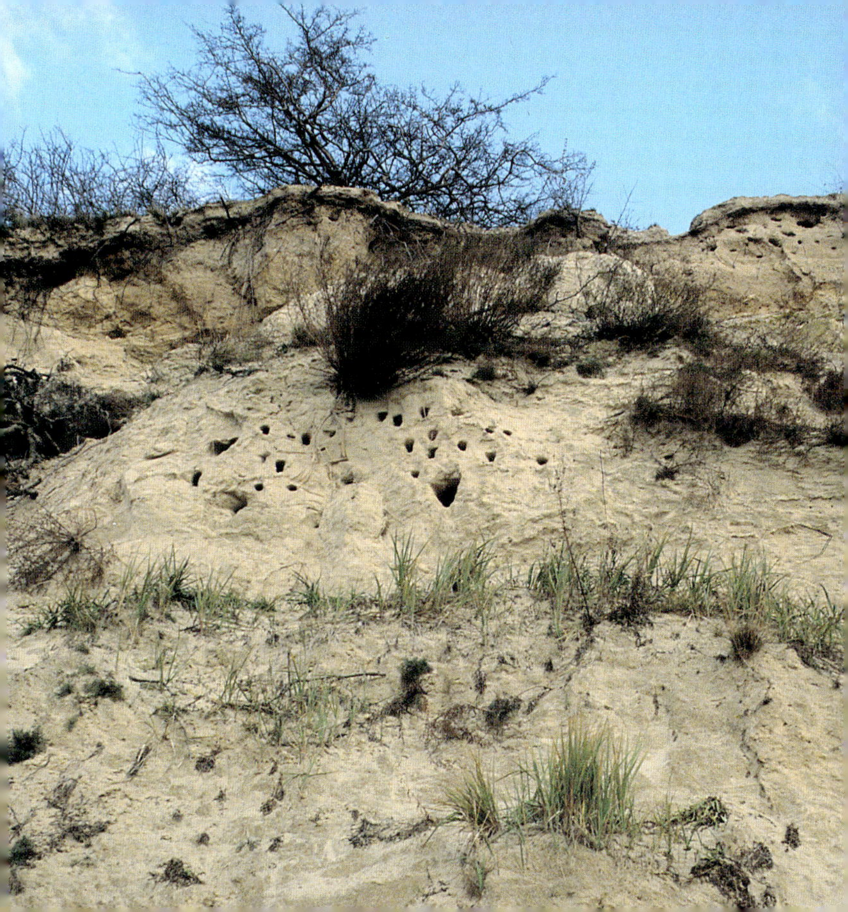

21 Reservat für Bonzen

Das Dorf Sellin wurde 1295 erstmals erwähnt. Einige Fischer wohnten zwischen den Südhängen des Fortberges und dem Selliner See. Um 1887 begann die Entwicklung Sellins zum Badeort. Hotels und Pensionen wurden erbaut. Ab 1895 konnten Reisende den Badeort auch mit der Kleinbahn erreichen. Sellin ist vor nördlichen und östlichen Winden durch bewaldete Höhenzüge geschützt. Durch diese Lage ist der Aufenthalt in Sellin auch an sehr heißen Sommertagen angenehm. Das wußten natürlich die privilegierten Partei-Bonzen des ehemaligen Regimes, als sie sich auf der Steilküste eine noble Ferienherberge erbauen ließen. Das moderne Gebäude mit Hallenbad und Restaurants war Einheimischen nicht zugänglich. Die Parteileute hatten sich von ihnen durch eine hohe Mauer abgegrenzt. Nach der „Wende" wurde die Bonzen-Burg in „Cliff-Hotel" umbenannt. 170 Zimmer werden dort angeboten.

Einst Bonzen-Burg: Cliff-Hotel Sellin

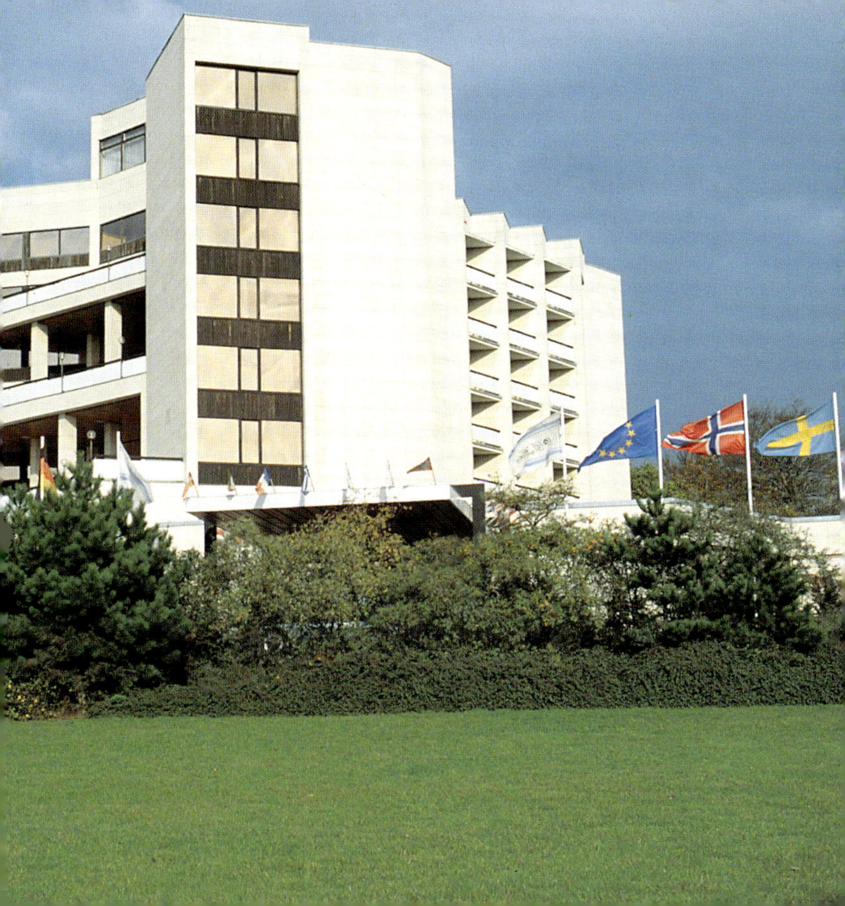

22 Magisches auf Mönchsgut

Sturmfluten beschäftigten die Phantasie der Mönchguter am meisten. Die Sage erzählt, daß Mönchgut ursprünglich mit dem gegenüberliegenden Festland beinahe zusammengehangen hat. Nur ein schmaler Graben war dazwischen und dieser wurde durch einen Steg aus Pferdeknochen überbrückt. Einmal warf eine leichtfertige Frau ein Brot in den Graben. Zur Strafe brach eine Sturmflut herein, die die Verbindung zerstörte und ein großes Stück von Mönchgut abriß. Nur die beiden Inseln Ruden und Greifswalder Oie blieben verschont. Das Wasser strömte in diese Meerenge und bildete das „neue Tief". Zur damaligen Zeit glaubten die Mönchguter auch an böse Menschen, die das Vieh verhexen und an den Teufel, der magische Kraft hatte und immer wieder neue Gestalt annahm, um möglichst viele Menschen in seine Macht zu bekommen.

Technisches Denkmal: Windrad bei Middelhagen

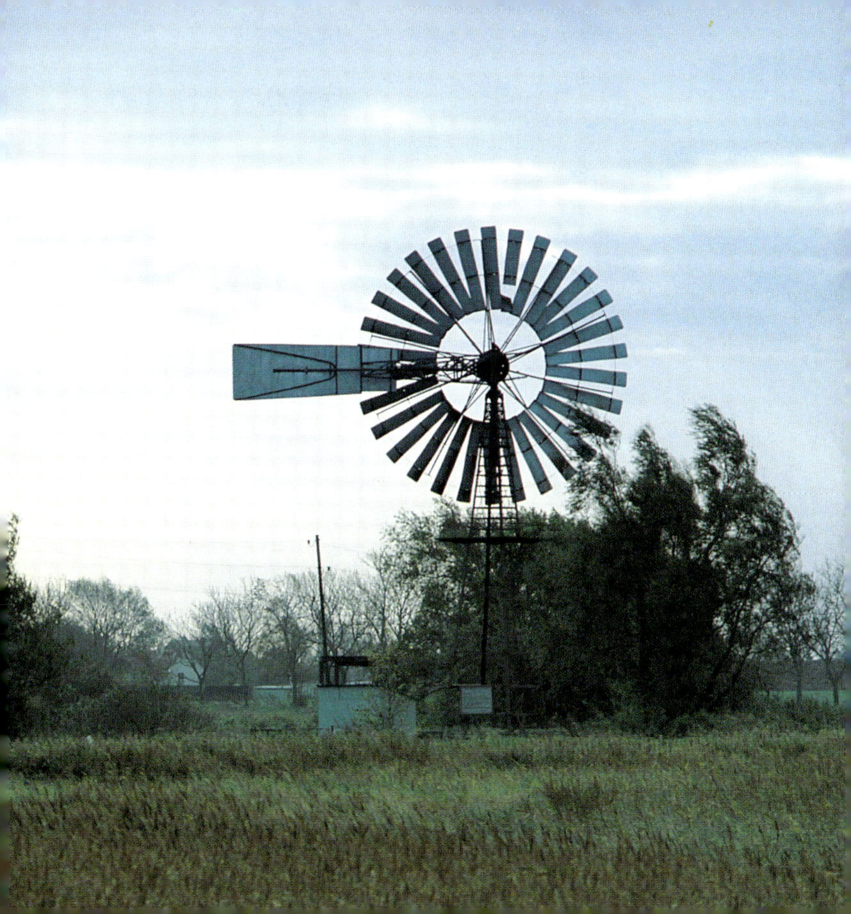

23 Rügenreise Anno 1819

Es war damals Rügen im ganzen noch wenig von Fremden besucht, und eine größere Einfachheit herrschte dort. Statt eines zum Empfange wohleingerichteten Hotels etwa lag da unter verstreuten Granitblöcken eine rauchige Fischerhütte, die dem Anlangenden eben nur Befriedigung der nächsten Bedürfnisse bot. Ich fand es sehr originell, als die Wirtin, um unser Frühstück zu besorgen, aus dem großen Rauchfange, gleich neben der sogenannten Gaststube, von den in dichten Reihen dort hängenden Flundern und Zungen sofort eine Anzahl herunterholte und uns zum Kaffee auftischte. Aber die Praxis war gar nicht so übel und die zarten, wohlgeräucherten Seebewohner mundeten wirklich gut. Alles war eine neue Welt für mich, und mit Lust ging ich immer wieder hinaus an den Strand, atmete die prächtige Seeluft und fühlte von Stunde zu Stunde mich frischer.

Carl Gustav Carus, Arzt, Philosoph und Maler, erkundete im Jahre 1819 die Insel Rügen.

Fischereihafen von Lauterbach

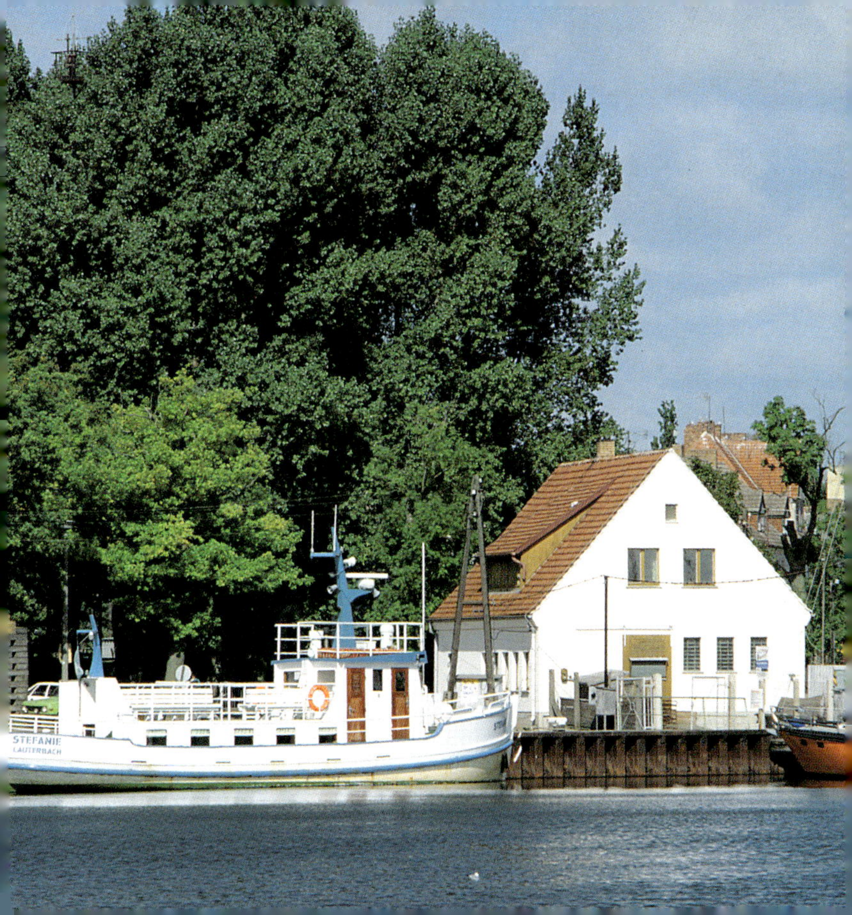
STEFANIE
LAUTERBACH

24 Die Kirche von Vilmnitz

Von Putbus wandte ich mich nach dem nahegelegenen Vilmnitz, um die dortige Schloßkirche zu besehen, die auf einer kleinen Anhöhe liegt. Sie ist zwar auch ein altes Gebäude, aber ihr Inneres hell und rein. Verschiedene Monumente vormaliger Herren von Putbus zieren sie, auch hat sie eine kleine Orgel und behauptet unter den Landkirchen den nächsten Rang nach der Gingster. Auch hier teilt der Pfarrer, der, wie gemeldet, zugleich gräflicher Kaplan ist, mit den Grafen den Schmalzzehnten, wie in Lancken. Zu ihm ging ich am Nachmittag, fand dort eine zahlreiche Gesellschaft und in derselben einige Bekannte aus Bergen, die so gütig waren, auf einer Lustpartie nach dem Vilm, wozu der Pastor mich einlud, mir einen Platz im Wagen anzubieten.

Johann Jacob Grümbke, „Streifzüge durch das Rügenland", 1803.

Epitaph in der Vilmnitzer Kirche

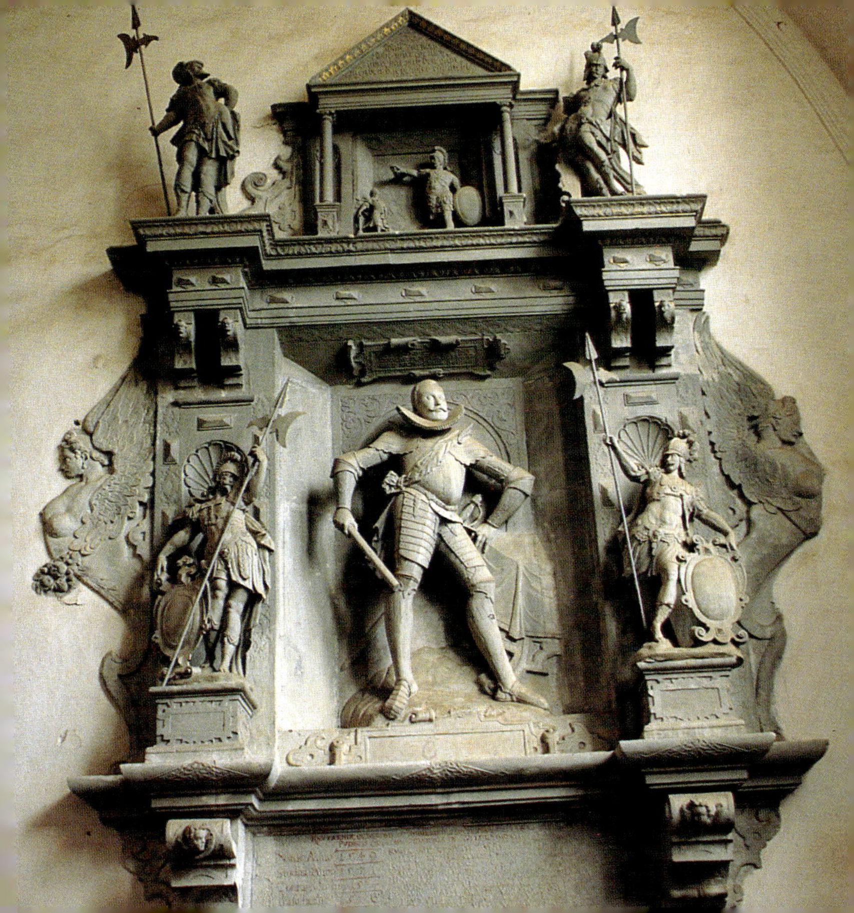

25 Heimweh nach Rügen

Oh Land der dunklen Haine,
Oh Glanz der blauen See,
Oh Eiland, das ich meine,
Wie tuts nach dir mir weh!

Nach Fluten und nach Zügen,
Weit über Land und Meer,
Mein trautes Ländchen Rügen,
Wie mahnst du mich so sehr!

Ernst Moritz Arndt, 1842

Kreideküste an der Stubbenkammer

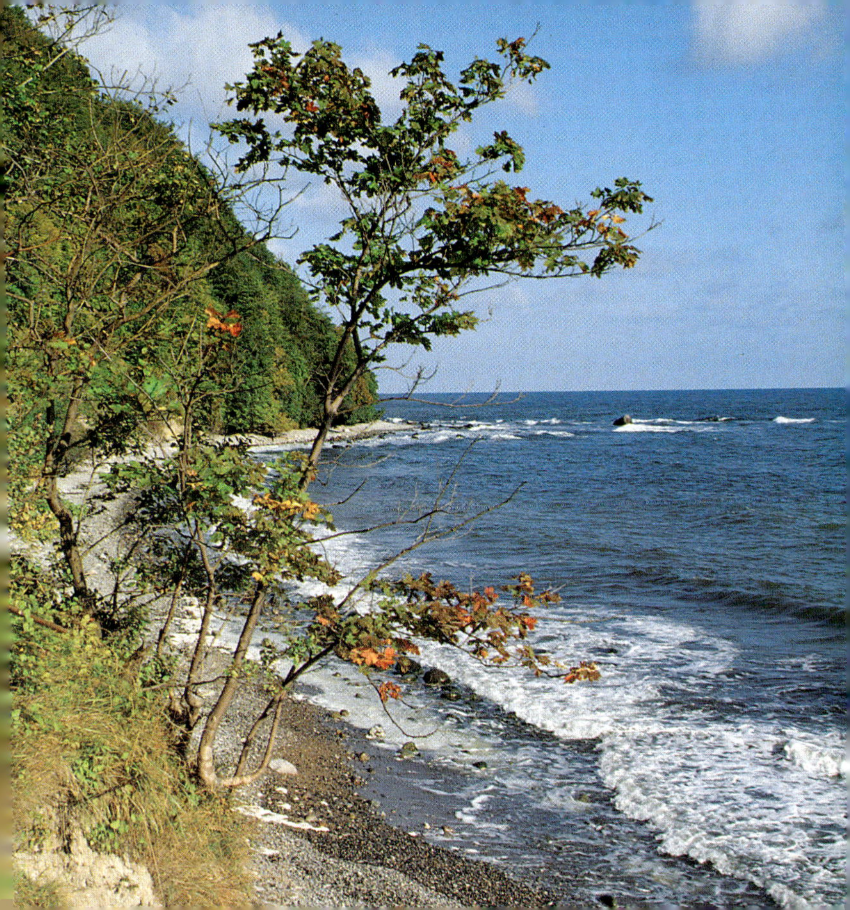

26 Baden im Karren

Wer sich des kalten Seebades bedienen will, es aber nicht liebt, sich im Freien zu entkleiden, benutzt einen Badekarren. Auf einer kleinen Treppe steigt der Entkleidete ins Bad – und auch die züchtigste der Frauen darf sich nicht scheuen, eines solchen Badekarrens sich beim Baden zu bedienen, denn außer, daß solcher an den Seiten bekleidet ist, auch die Eingangstür verschlossen werden kann, ist auch dafür gesorgt, daß durch einen seewärts niederzulassenden Vorhang die Badende sich dem Blicke jedes Lauschenden gänzlich entziehen kann.

„Reisegesellschafter durch Rügen", 1823 in Berlin erschienenes Buch.

Historisches Badehaus in Lauterbach

BADEHAUS

27   De witten Wiwer

Auf der Halbinsel Mönchgut ist ein Ufervorsprung, ein Höwt, welches Swantegard heißt. Dor hebben vor Tiden de witten Wiwer wahnt; se hebben ganz witt utsehn, hebben korte Röck anhatt un sünd ganz lütt west. Vör Swantegard in'n Water liggt 'n Reech Steen as nah de Schnur, dat sünd ehre Waschsteen west, un in'n Öwer hebben se ehre Wahnungen hatt. Dat het en ümmer siehr schmuck un sauber laten, un in ehre Wahnungen is ock allens sauber west. Do ist in Swantegard noch'n Lock, da heeten se dat Nunnenlock; doran hebben de witten Wiwer wahnt. As de witten Wiwer hier utwiest sünd, don sünd se öwer'n Mönchgraben treckt. Dor het 'ne Eck stahn, un de witten Wiwer hebben seggt: Nu würd de Eck verdrögen; wenn se öwer wedder utschlög, denn würden se ok wedderkamen as se nu wegwest sünd, is de Eck verdrögt un is nich wedder utschlagen, un se hebben se veele, veele Johren stahn laten; se is öwer drög bleben, un dat is noch nich lang her, dat se de Eck awhaugt hebben.

Alte mundartliche Überlieferung.

Die Kirche von Middelhagen

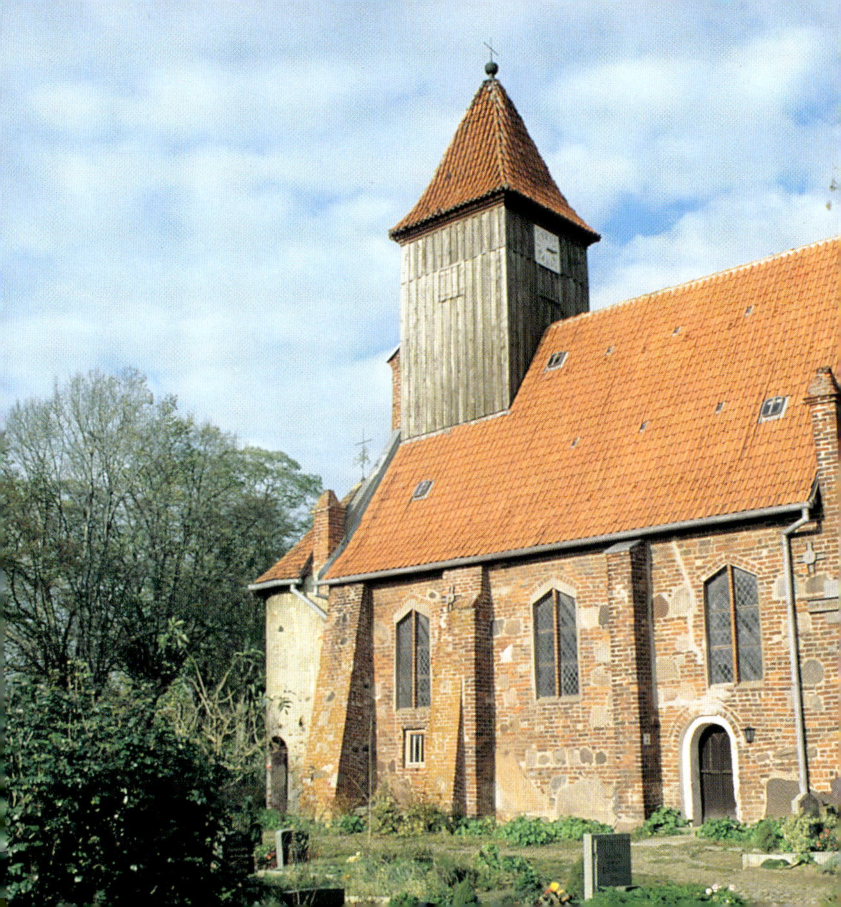

28   Herrenhaus in Boldevitz

Eine beziehungsreiche Inschrift ist am Seiteneingang des Hauptgebäudes zu finden:

A.D.
1922

habe ich, der vorm. kais. Gesandte Frhr. Oscar v. d. Lancken-Wakenitz, das im 30jährigen Kriege erbaute Boldevitzer Herrenhaus in seiner ursprünglichen Gestalt wieder hergestellt und im Innern mit neuzeitlichen Einrichtungen versehen. Möge mein altes Heim in der Hand meiner Nachfolger nie die pietätvolle Pflege entbehren, die ich ihm allezeit widmete. Dann werden auch die künftigen Geschlechter hier stets rechte Besitzerfreude finden.

Kommentar angesichts des Bauzustandes 1990 überflüssig!

Verfallenes Gutshaus Boldevitz

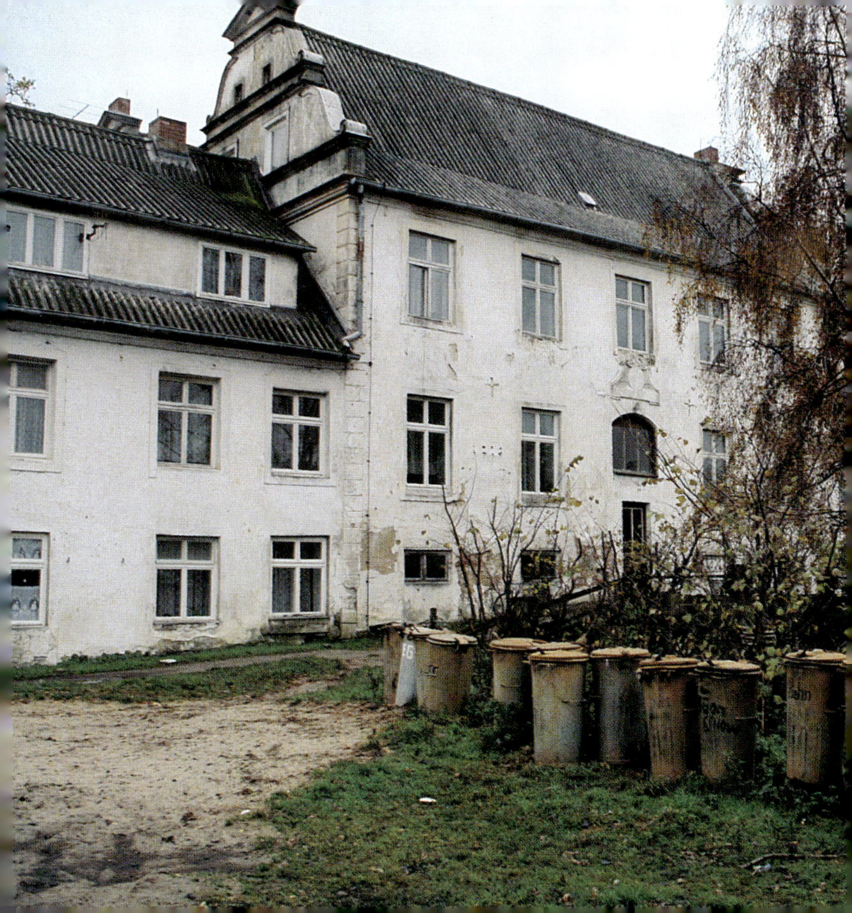

29 Schöne Stubnitz

Die Stubnitz, ein Waldgebiet auf der Halbinsel Jasmund, das sich von Saßnitz bis nach Lohme erstreckt, ist mit einer Fläche von 1500 Hektar das größte Naturschutzgebiet der Insel Rügen. Auf etwa 80 Prozent der Fläche wachsen Rotbuchen. Bereits im 16. Jahrhundert erließen die Herren von Putbus Verordnungen, nach denen der Stubnitzwald geschont und als Wildreservat genutzt wurde. Der Charakter des Naturschutzgebietes wird maßgeblich von den Kreidefelsen in der Uferregion bestimmt. Die Wissower Klinken und der 117 Meter hohe Königstuhl gehören zu den meistbesuchten Orten der Insel. Versteckt im Wald liegt der tiefste natürliche Binnensee Rügens, der Herthasee. Das elf Meter tiefe, sagenumwobene Gewässer, wird vom Edelkrebs, einer Rarität der einheimischen Tierwelt, bevölkert. Auch Lurche, Moorfroschunke und der Springfrosch sind im Naturschutzgebiet heimisch. Viele Orchideenarten wachsen auf der Stubnitz: Purpurknabenkraut, Große Händelwurz, Braunroter Sitter und der Frauenschuh.

Historischer Leuchtturm bei Lohme

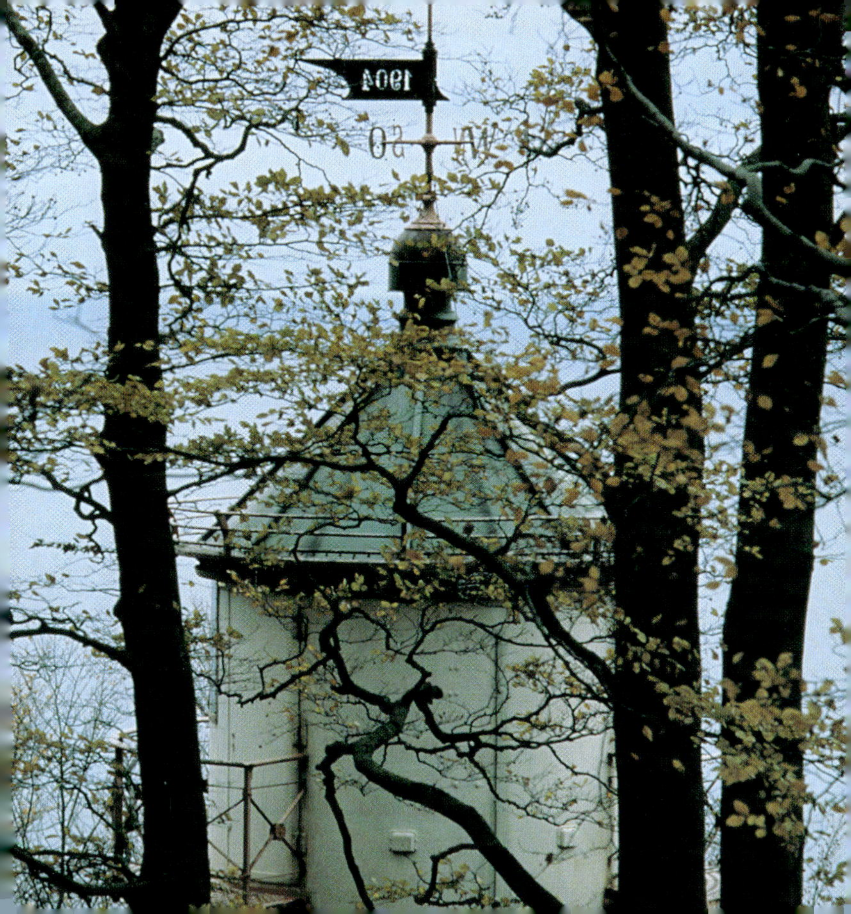
1904

30   Insel Rattenort

Westlich von der Insel Rügen liegt eine kleine Insel, Ummanz geheißen, und südlich von dieser das noch kleinere Inselchen Rattenort. Von dieser letzteren erzählt man sich folgendes: Vor Alters waren zu einer Zeit auf der Insel Ummanz so viele Ratten, daß die Einwohner sich zuletzt ihrer gar nicht mehr erwehren konnten. Da erschien ein fremder Rattenfänger auf der Insel. Der hat für ein gutes Stück Geld alle Ratten zusammengelockt und bei dem Dorfe Wuß durch das Wasser nach der Insel vertrieben, die seitdem den Namen Rattenort erhalten hat. Auf Ummanz befinden sich seit jener Zeit keine Ratzen mehr, so wie es auf der rügenschen Halbinsel Wittow keinen Maulwurf geben soll.

Alte Überlieferung.

Weit und breit kein Wasser

Kathi 12-34-116

31   Der volkstümliche Fürst

Fürst Malte war ein sehr volksverbundener Herrscher. Zielstrebig baute er den Residenzort Putbus aus, ließ das Theater errichten, den Marktplatz neu anlegen und eine Allee mit Linden bepflanzen. Putbus wurde zu Beginn des 19. Jahrhunderts der erste vornehme Badeort auf der Insel Rügen. Handwerker siedelten sich in Putbus an. Ihnen folgten Arzt, Apotheker und Kaufleute. Mit dem Pädagogium richtete Fürst Malte 1836 eine höhere Lehranstalt in Putbus ein. Nach dem Tod des Fürsten Malte ließ seine Witwe ihm im Schloßpark ein Denkmal aus weißem Marmor errichten. Geschaffen hat es der Bildhauer Johann-Friedrich Drake. Der Marmorsockel ist mit vier Reliefs verziert. Sie stellen dar: die Wissenschaft und zwei lernende Knaben, einen abschiednehmenden Reiteroffizier, Baumeister Schinkel mit Steinmeyer, den Erbauer des Schlosses, einen Bildhauer – entweder Drake oder Thorwaldsen – einen Plan des Jagdschlosses betrachtend. Das vierte Relief zeigt den Grafen Malte bei der Verleihung der Fürstenwürde.

Denkmal im Park: Fürst Malte

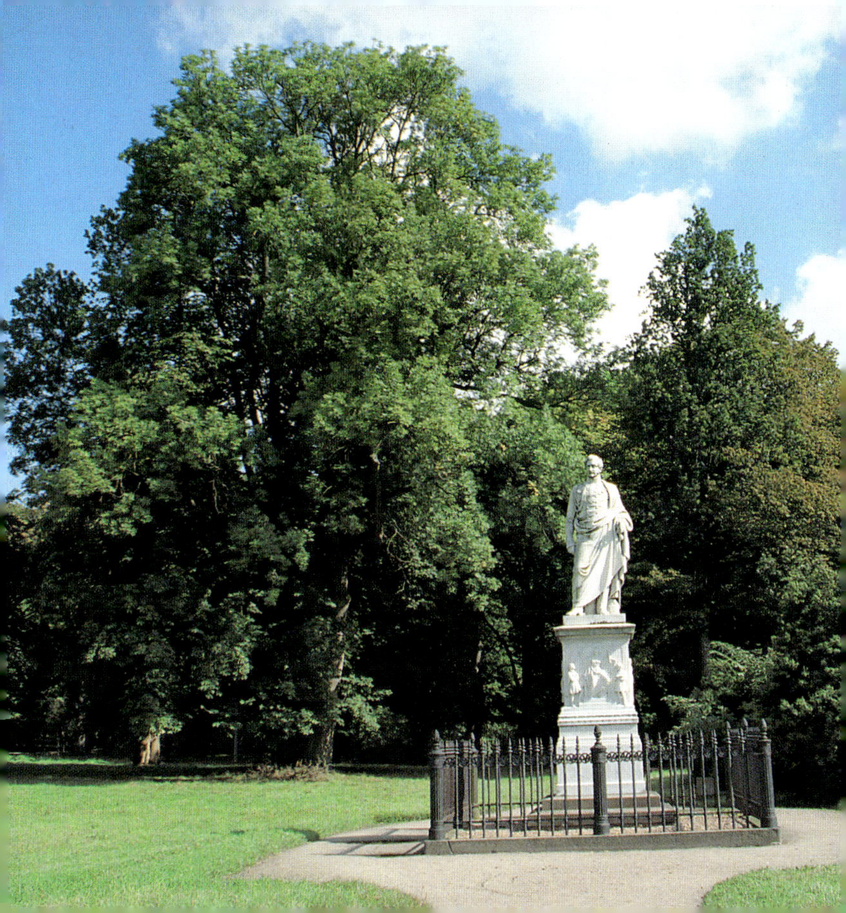

32 Uferpredigten

Gotthard Ludwig Kosegarten (1758–1818) war viele Jahre Pastor in Altenkirchen. Der Seelsorger, Philosoph und Dichter schilderte die Naturschönheiten Rügens in zahlreichen Schriften. Ernst Moritz Arndt war der Hauslehrer seiner Kinder. Pastor Kosegarten lehrte auch an der Universität von Greifswald und wurde dort zweimal zum Rektor gewählt. Gott und Natur waren ein wichtiges Thema seiner „Uferpredigten", die er vor den Heringsfischern von Vitt auf dem Steilufer nahe des Kap Arkona hielt. In der kleinen achteckigen Kapelle aus verputzten Feldsteinen, die Pastor Kosegarten im Jahre 1806 oberhalb des Dorfes Vitt errichten ließ, finden noch heute zur Sommerzeit ökumenische Gottesdienste statt.

Die Uferkapelle von Vitt

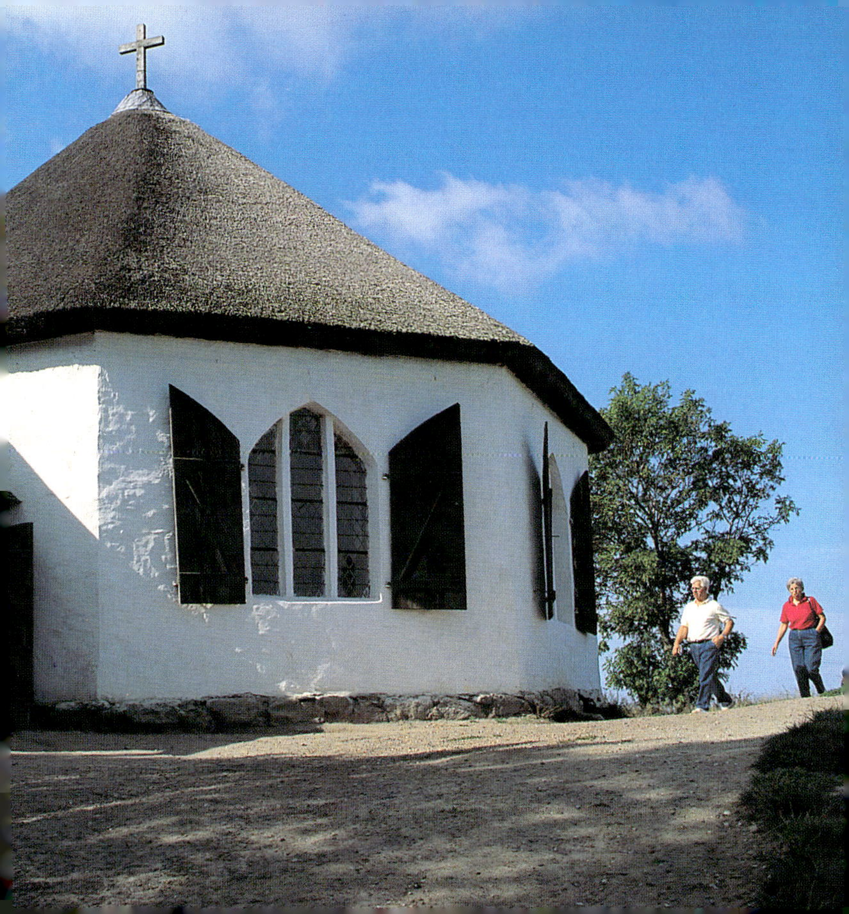

33 Sagenhafte Jungfrau

Ich trank in schnellen Zügen / Das Leben und den Tod /
Beim Königstuhl auf Rügen / Am Strand im Morgenrot.
Ich kam am frühen Tage / Nachsinnend einsam her /
Und lauscht' beim Wellenschlage / Und schaute übers Meer.
Wie schweifend aus der Weite / Mein Blick sich wieder neigt /
Da hat sich mir zur Seite / Ein Feenweib gezeigt.
An Schönheit sondergleichen / Wie nimmer Augen sahn /
Mit goldner Kron' und reichen / Gewändern angetan.
Sie kniet' auf Felsensteinen / Umbrandet von der Flut /
Und wusch mit vielem Weinen / Ein Tuch, befleckt mit Blut.

Adalbert von Chamisso, 1832

Klares Wasser, bunte Steine: Kreideküste

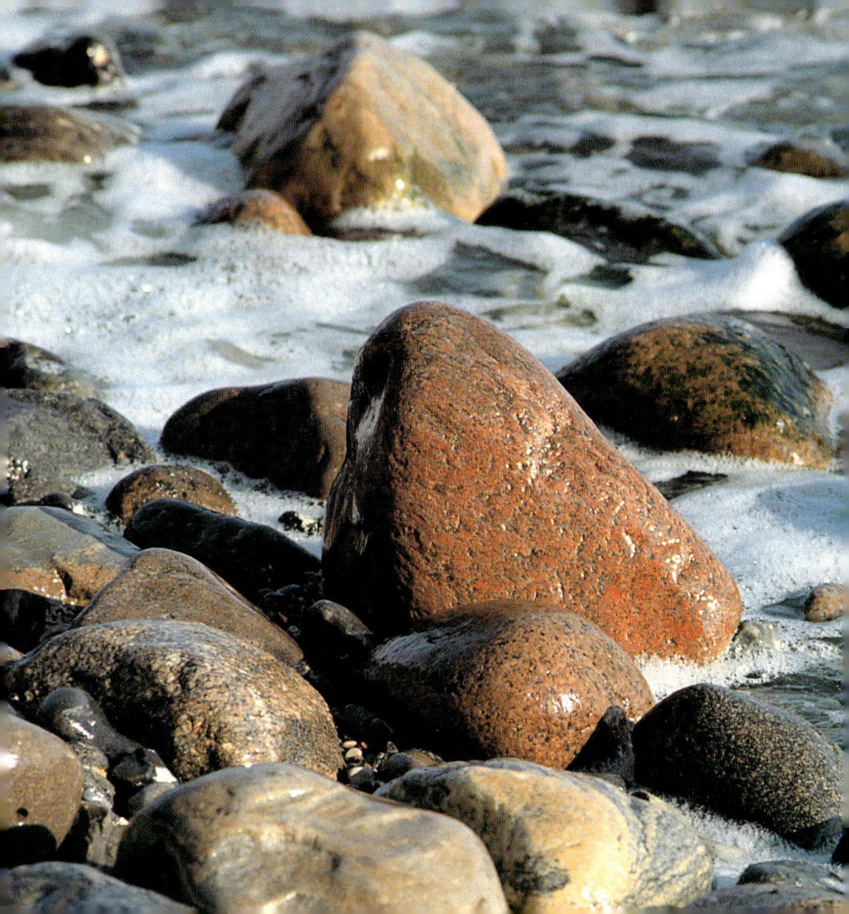

34 Störtebekers Schätze

Nachdem die Hamburger die gefangenen Seeräuber enthauptet hatten, schickten sie eine Kommission nach Rügen, um die auf der Insel vergrabenen Schätze der Seeräuber aufzuspüren. Ein Bauer aus Saßnitz, der zuvor Klaus Störtebeker gedient hatte und dessen Nachkommen im Jahre 1847 noch in Saßnitz lebten, verriet den Mitgliedern der hanseatischen Kommission das Versteck. Es war eine Stelle im Wald der Stubnitz. Dort soll ein Teil des Geraubten damals tatsächlich zutage gefördert worden sein. Störtebeker war seit 1394 Anführer der „Vitalienbrüder". Er wurde gefangen und 1401 enthauptet. Lange noch lebte er in der Vorstellung des Volkes als Beschützer der Armen fort.

Kulisse der Störtebeker-Spiele Ralswiek

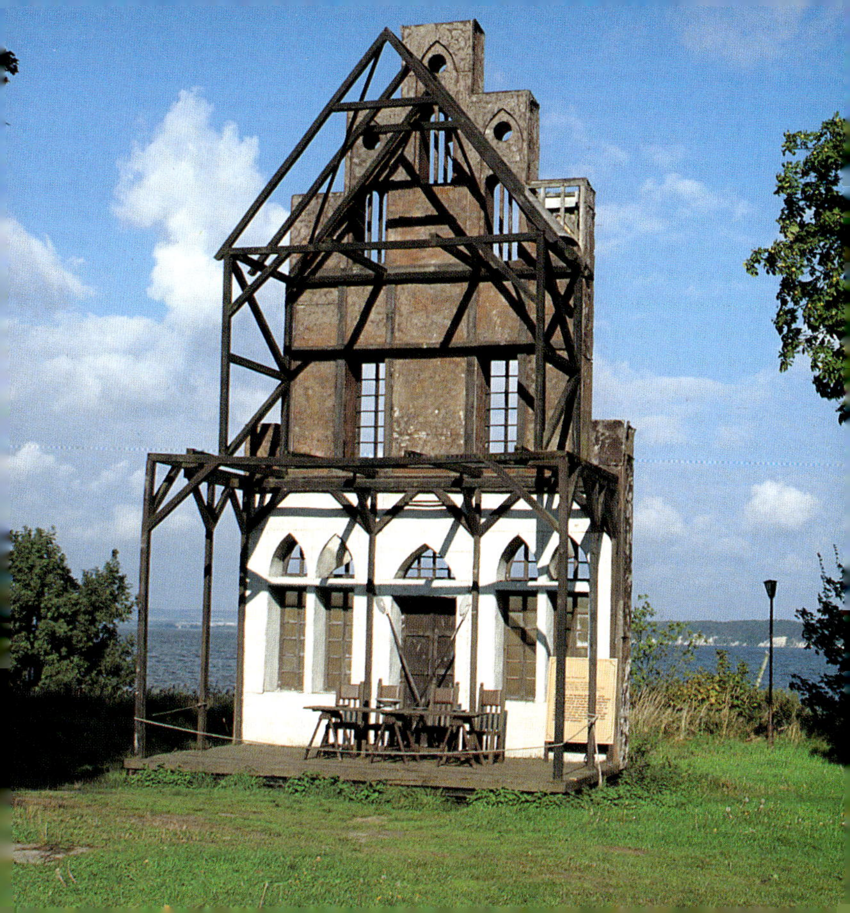

35 Sehenswerte Museen

Das Ernst-Moritz-Arndt-Museum in Garz dokumentiert Leben und Werk des Patrioten und Dichters. Außerdem sind in diesem Museum Exponate zur Geschichte der ältesten Stadt Rügens zu sehen. Im nahegelegenen Dorf Groß Schoritz, wo Ernst Moritz Arndt 1769 geboren wurde, ist eine Gedenkausstellung im ehemaligen Gutshaus eingerichtet worden.

Ein schilfrohrgedecktes Bauernhaus aus der zweiten Hälfte des 19. Jahrhunderts wurde zum Mönchguter Heimatmuseum in Göhren umgestaltet. Gezeigt werden neben Mönchguter Trachten auch Haushaltsgegenstände und landwirtschaftiche Geräte. Ein zum Museum gehörendes zweites Bauernhaus ist im Stil des frühen 19. Jahrhunderts original eingerichtet worden. Auch im ehemaligen Schulhaus von Middelhagen existiert ein Museum. Dort kann man sich informieren, unter welchen Bedingungen Kinder vor hundert Jahren gelernt haben.

Der Denkmalhof in Zirkow, an der Bäderstaße in der Nähe von Bergen gelegen, gibt Auskunft über das Leben auf Rügen in vergangenen Zeiten.

Schulmuseum Middelhagen

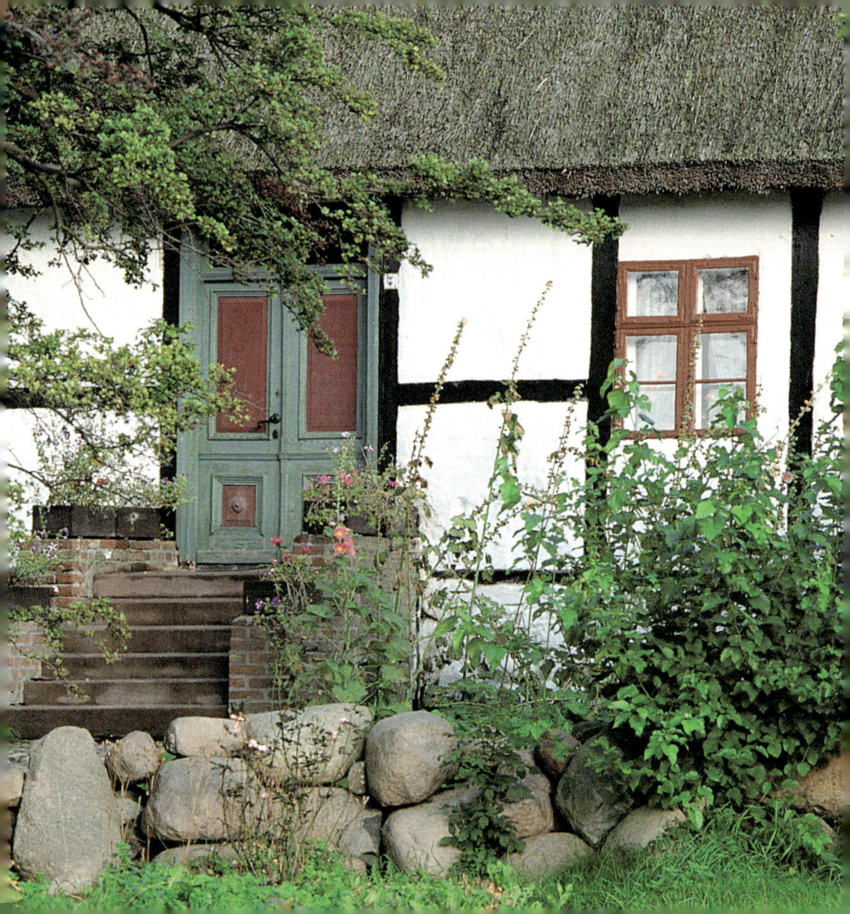

36   Stock, Schirm, Ranzen

Die Kleidung des Reisenden sei bequem und nicht zu leicht. Man trage feste, aber bequeme Stiefel mit kräftigen Sohlen. Wer ein Fernrohr bei sich führt, wird manchen erhöhten Genuß dadurch haben. Ein Regenschirm, der zugleich die Stelle eines Stocks vertritt und gegen die Sonne Schutz bietet, ist bei dem oft wechselnden Wetter anzuraten. Das Mitnehmen von Hängematten auf die Reise ist Badegästen zu empfehlen, sie können dann im Walde an jedem ihnen zusagenden Punkte behagliche Ruhe pflegen... Für Touristen gilt die altbewährte Regel: Je weniger Gepäck desto freier und fröhlicher des Reisenden Gemüt. Es sollte das gefüllte Ranzel des Touristen nicht schwerer als zwei, bis höchstens drei Kilo wiegen. Man wähle im Hochsommer die frühen Morgenstunden, ehe die Hitze zu groß wird und ruhe am Mittag lieber einige Stunden aus, um mit frischen Kräften in den späteren Nachmittagsstunden die Wanderung fortzusetzen...

Reiseführer „Rügen", 1912

Herbstlaub in der Stubnitz

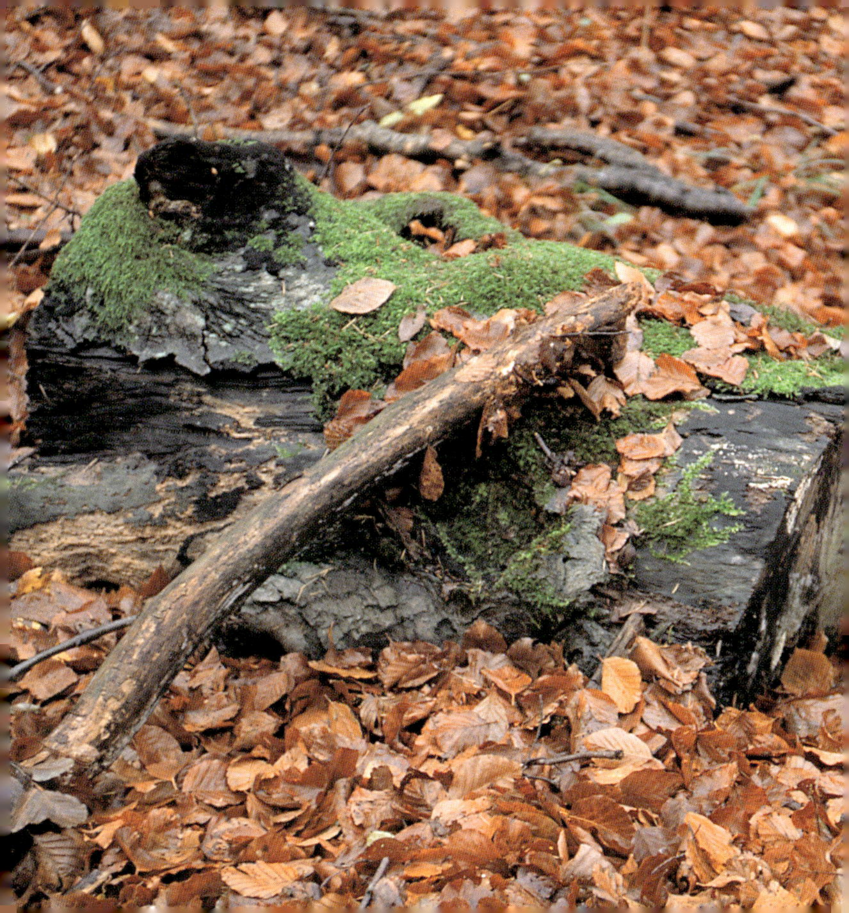

37 Klaus Störtebeker

Der legendäre Seeräuber und Volksheld Klaus Störtebeker soll als Sohn eines Bauern in Ruschvitz auf Rügen geboren worden sein. Durch den Volksmund ist überliefert, daß sich Störtebeker als Knecht eines Tages unbeobachtet fühlte, und einen großen Schluck aus der Bierkanne seines Herren nahm, der ihn dabei erwischte. Der Gutsbesitzer ließ den starken Klaus fesseln und körperlich züchtigen. Als man ihn nach der Prügel losband, schlug er seine Peiniger nieder und floh mit einem Boot auf das offene Meer hinaus. Beim Kap Arkona wurde Klaus Störtebeker vom Schiffshauptmann Michael Gödecke an Bord einer Seeräuber-Kogge genommen. Nach mehreren Kraftproben, die Störtebeker erfolgreich bestand, wurde er in die Gemeinschaft der Seeräuber aufgenommen. In den Höhlen der Kreidefelsen auf der Stubnitz und auf der Halbinsel Mönchgut hatten die „Linkedeeler" ihre Schlupfwinkel. Michael Gödecke und Klaus Störtebeker sollen ihre Angriffe am Ende des 14. Jahrhunderts besonders gegen die Reichen gerichtet haben. Arme Leute unterstützten sie.

Herbststurm am Zickerschen Höft

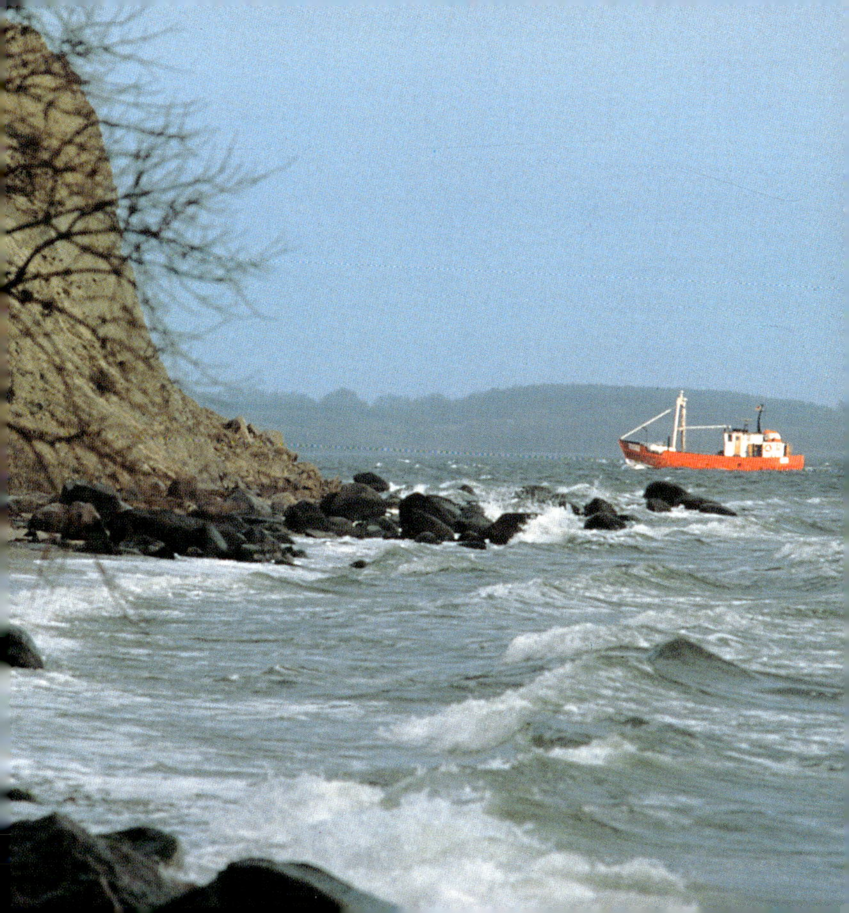

38 Badeort Binz

Mit dem Namen „Bynze" wurde der Ort im Jahre 1318 zum ersten Mal erwähnt. Bauern und Fischer lebten an der Küste abseits der wichtigsten Verbindungswege. Im Jahre 1864 sollen in Binz 17 strohgedeckte Häuschen gestanden haben, in denen 184 Menschen lebten. Zu jener Zeit entdeckten Badelustige die abgeschiedene Küstenlandschaft. Im Jahre 1870 besuchten bereits 80 Gäste das Dorf. In den folgenden Jahren wurden Hotels und Pensionen in Strandnähe erbaut. Mit dem Bau einer zweieinhalb Kilometer langen Strandpromenade wurde 1895 begonnen. Viele Häuser mit stark gegliederten Fassaden, schön verzierten Balkonen, Erkern, Veranden, Türmchen und Ziergiebeln entstanden. Als „Bäderarchitektur" war dieser Baustil typisch für Binz. Um die Jahrhundertwende hielten sich jährlich etwa 10 000 Urlauber in Binz auf. Ab 1902 konnten Ausflugsschiffe direkt an der 600 Meter langen Holzbrücke anlegen. Diese Brücke wurde im strengen Winter 1941/42 durch eine Eispressung zerstört.

Kurhaus und Strand von Binz

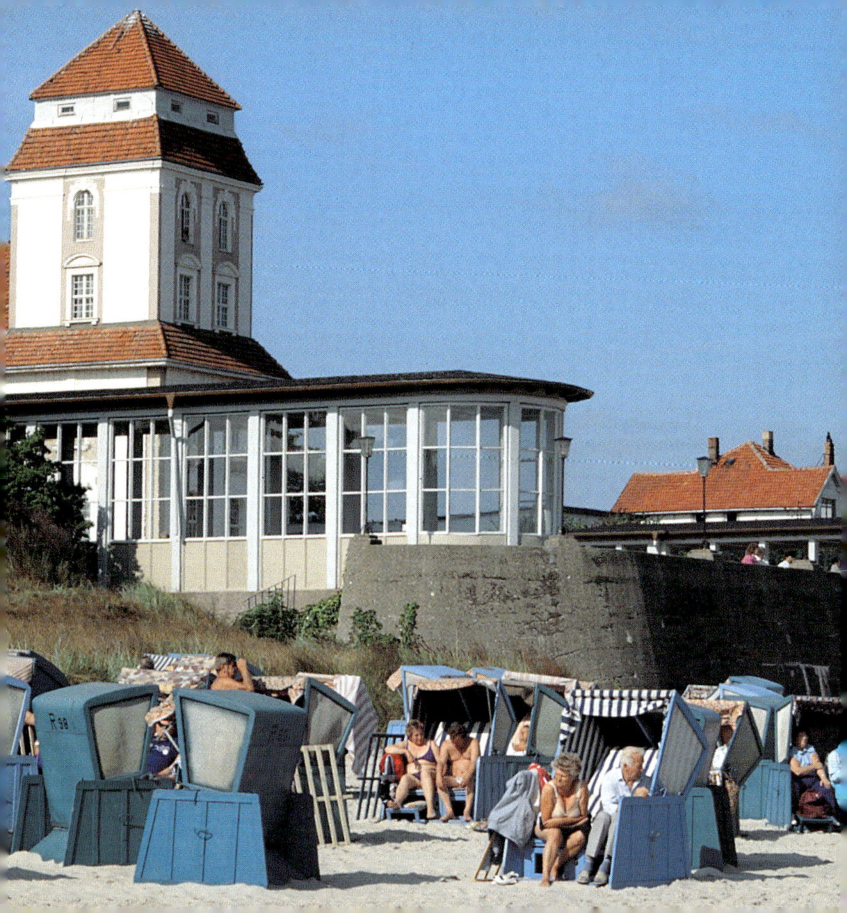
R 98

39   Wilhelm im Wald

In der Nähe des kleinen Dorfes Groß Stresow im Süden Rügens steht mitten im Wald auf einer hohen Säule das Denkmal des Preußenkönigs Friedrich Wilhelm I. Die Inschrift besagt, daß Friedrich Wilhelm I. König von Preußen, dort mit Friedrich IV., König von Dänemark, am 15. September 1715 gelandet sei und den Frieden erkämpft habe. Die Schlacht fand gegen den Schwedenkönig Karl XII. statt, der vergeblich versuchte, das preußisch-dänische Heer aus seiner festen Stellung bei Stresow zu verdrängen. Schon im Jahre 1678 war der Große Kurfürst mit Truppen auf Rügen gelandet, um die Schweden zu vertreiben. Trotzdem wurde die Insel lange Zeit vom schwedischen König beherrscht. 1807/10 war Rügen von napoleonischen Truppen besetzt. Nach dem Wiener Kongreß von 1815 wurde Rügen mit Vorpommern preußisch.

Bei Groß Stresow: Wilhelm I. auf dem Sockel

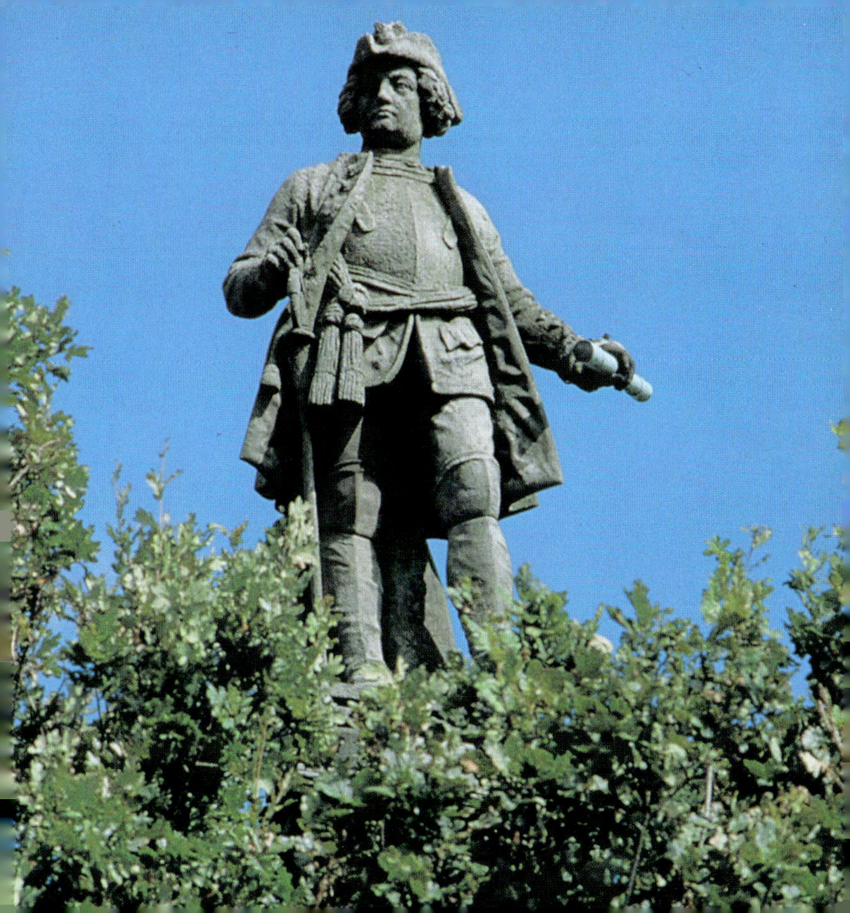

40 Kirche aus Feldsteinen

Im kleinen Dorf Bobbin bei Sagard befindet sich eine der ältesten Kirchen Rügens. Schon 1250 wurde die „Eklesia de Babin" urkundlich erwähnt. Seit 1318 ist sie Pfarrkirche. Die jetzige Kirche wurde 1400 erbaut. Sie ist die einzige Feldsteinkirche der Insel. 1401 verlieh Papst Bonifacius IX. den Besuchern und Wohltätern dieser Kirche Generalablaß. Um 1500 wurde der Turm angebaut und die Fenster erhielten ihre heutige Größe. Die Deckplatte des Altars ist ein Kalksteinaufsatz von 1668. Eine Stiftung des Grafen Carl Gustav von Wrangel ist die Kanzel von 1622. Das Taufbecken aus Kalkstein stammt aus der Zeit vor 1300, der Beichtstuhl (1745) von Michael Müller aus Stralsund, die Orgel (1842) von Karl August Buchholz, Berlin. Das Ölbild „Enthauptung Johannes des Täufers" von J. van Diepenbeck (gestorben 1675) und die Altarleuchter (um 1650) wurden 1976 gestohlen.

Innenraum der Bobbiner Kirche

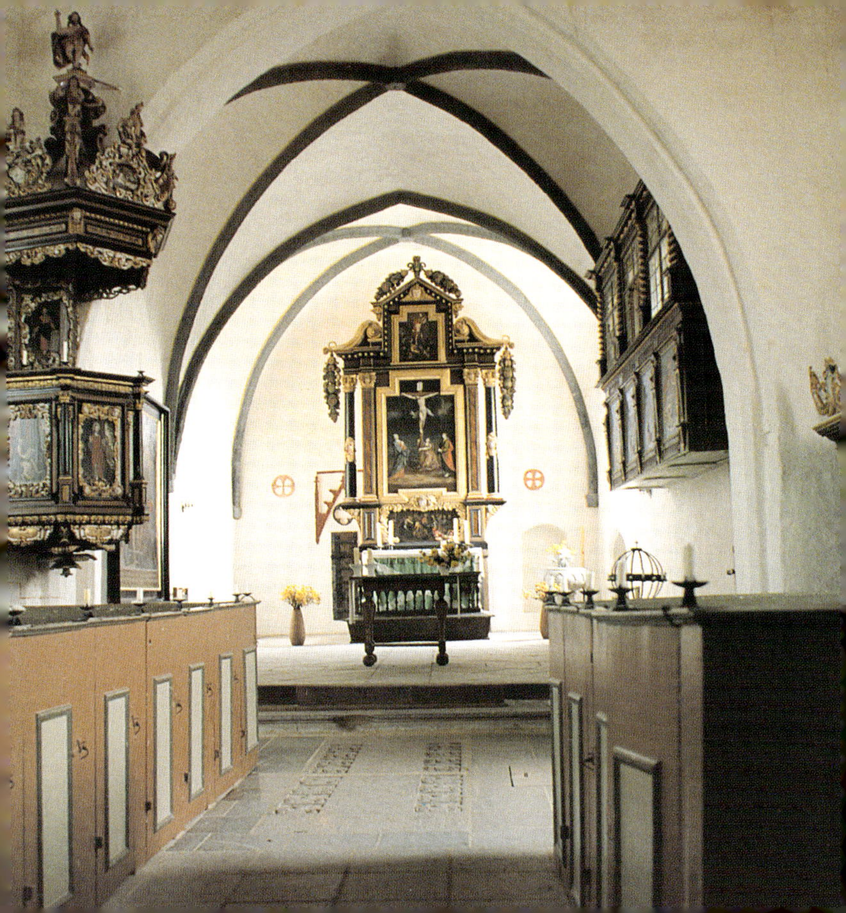

41 Tonnenschwere Findlinge

Von der nordöstlich Rügens gelegenen Granitinsel Bornholm sind in der Frühzeit mit den Ostseegletschern riesige Findlinge nach Rügen transportiert worden. Auf Rügen befinden sich 23 dieser besonderen geologischen Sehenswürdigkeiten. Die zehn allergrößten sind: Buskam bei Göhren (600 m^3, 1625 t), der große Stein bei Nardevitz (104 m^3, 281 t), Stein am Strand bei Blandow (65 m^3, 175 t), Söbenschniedersteen bei Gell-Ort (61 m^3, 165 t), Schwanenstein bei Lohme (60 m^3, 162 t), Klein-Helgoland bei Saßnitz (41 m^3, 111 t), Mövenstein bei Tankow auf Ummanz (27 m^3, 73 t), Stein südlich vom Kollicker Ort (27 m^3, 73 t), Opferstein bei Quoltitz (27 m^3, 73 t), Waschstein vor Stubbenkammer (22 m^3, 59 t). Einmalig in Europa sind Rügens Feuersteinfelder im 40 ha großen Naturschutzgebiet „Schmale Heide" bei Lietzow. Das „steinerne Meer" wird aus 14 Feuersteinwällen von 2000 m Länge und ca. 200 m Breite gebildet.

Granitfindling bei Lobbe

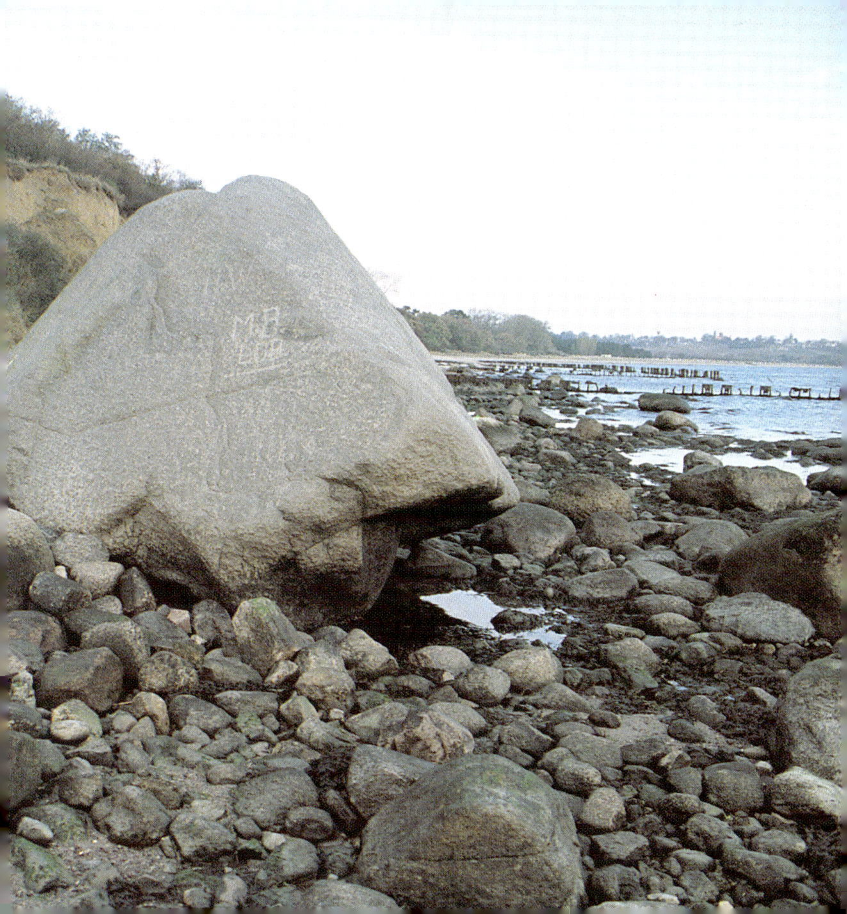

42   Ein Turm für Arndt

Gott segne, schütze und behüte das Werk! Das deutsche Vaterland lebe hoch! - Mit diesen Worten schloß Kreisgerichtsrat Dr. Gülich seine Festrede anläßlich der Grundsteinlegung für den Ernst-Moritz-Arndt-Turm am 26. Dezember 1869. Zu Ehren des 100. Geburtstages von Ernst Moritz Arndt hatten sich am zweiten Weihnachtsfeiertag viele Menschen auf dem Rugard bei Bergen versammelt, um dem in Groß Schoritz geborenen Patrioten und Dichter dort ein bleibendes Denkmal zu setzen, „wo ihm Gottes Sonne zuerst schien und die Sterne des Himmels zuerst leuchteten." Wegen des Krieges 1870/71 ruhte der Bau. 1873 wurde die erste Etage erbaut. Dann waren die Spendengelder verbraucht. Erst durch den Ertrag einer Lotterie, durch Sammlungen von deutschen Gesangvereinen und durch eine 1000-Taler-Stiftung von Kaiser Wilhelm I. konnte der Weiterbau finanziert werden. Das Richtfest fand am 6. Oktober 1876 statt. 1877 wurde der Ernst-Moritz-Arndt-Turm auf dem 91 Meter hohen Rugard feierlich eingeweiht.

Arndt-Turm auf dem Rugard

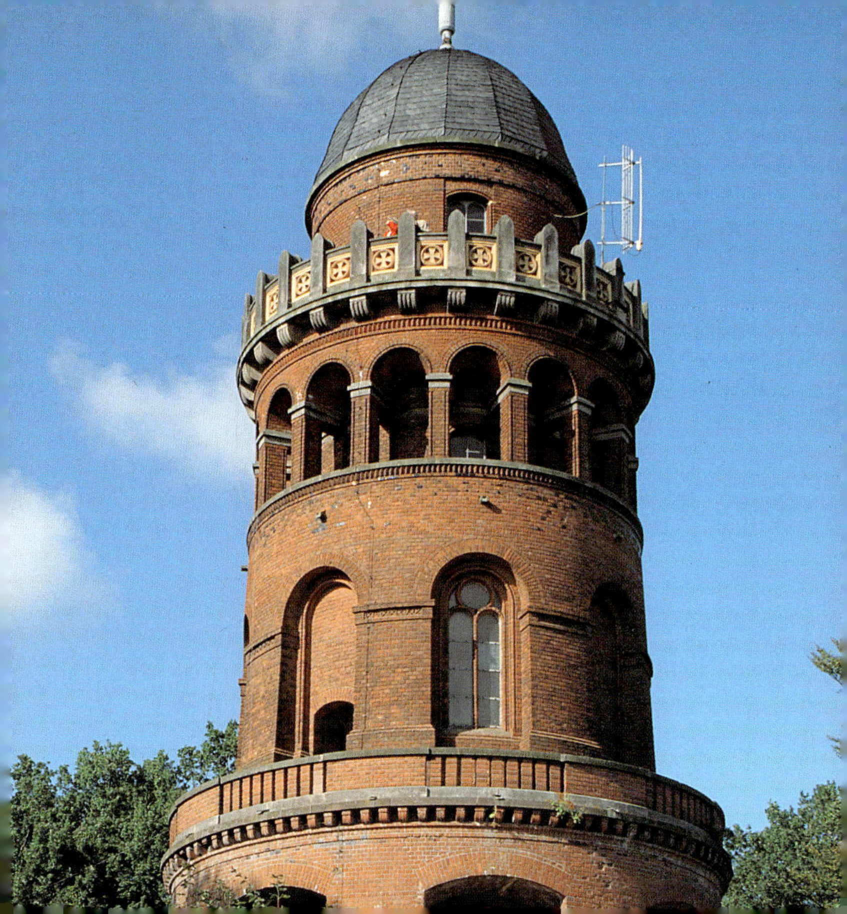

43 Rügenreisende

Johann Friedrich Zöllner (1753–1804), Gelehrter, Mitglied der Akademie der Wissenschaften, gab 1797 in Berlin eine Schrift heraus unter dem Titel: „Reise durch Pommern nach der Insel Rügen und einem Theile des Herzogthums Mecklenburg im Jahre 1795".

Albert Georg Schwartz (1687–1755), Historiker in Greifswald, schrieb u. a.: „Diplomatische Geschichte der pommersch-rügischen Städte", Greifswald 1755.

Jakob Philipp Hackert (1737–1802), mit Goethe befreundeter klassizistischer Landschaftsmaler, schuf Bilder mit Rügenlandschaften, die in Stralsund und Berlin ausgestellt sind.

Caspar David Friedrich (1774–1840), deutscher Landschaftsmaler der Romantik, schuf nach Besuchen der Insel Rügen mehrere bekannte Bilder: „Königstuhl", Federzeichnung von 1801, „Landschaft mit Regenbogen", Öl um 1809, „Kreidefelsen auf Rügen", Öl 1818.

Badestrand bei Sellin

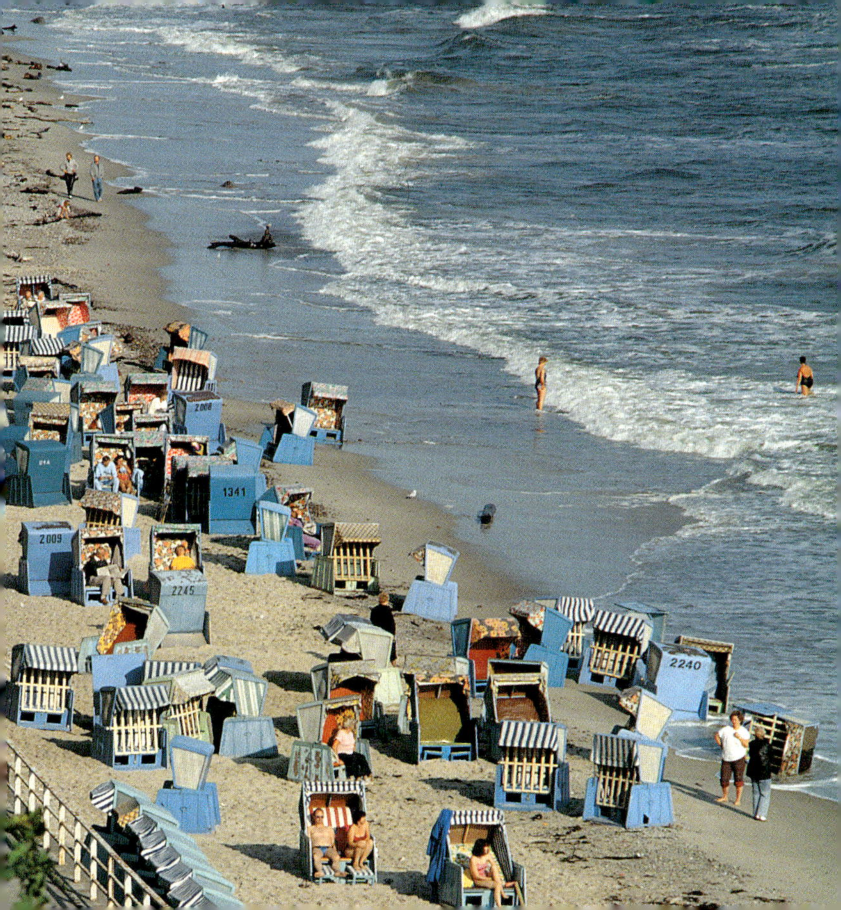
2008
1341
2009
2245
2240

44 Gereimte Liebeserklärung

No Hiddensoe

Hätt die de Welt wat dohn
un da di weh
un will di nich verstohn,
denn pack din Leed un Krohm
un goh noh Hiddensee,
do warst du licht un free.

Nikolaus Niemeier

Wiesen und weiße Häuser: Neuendorf

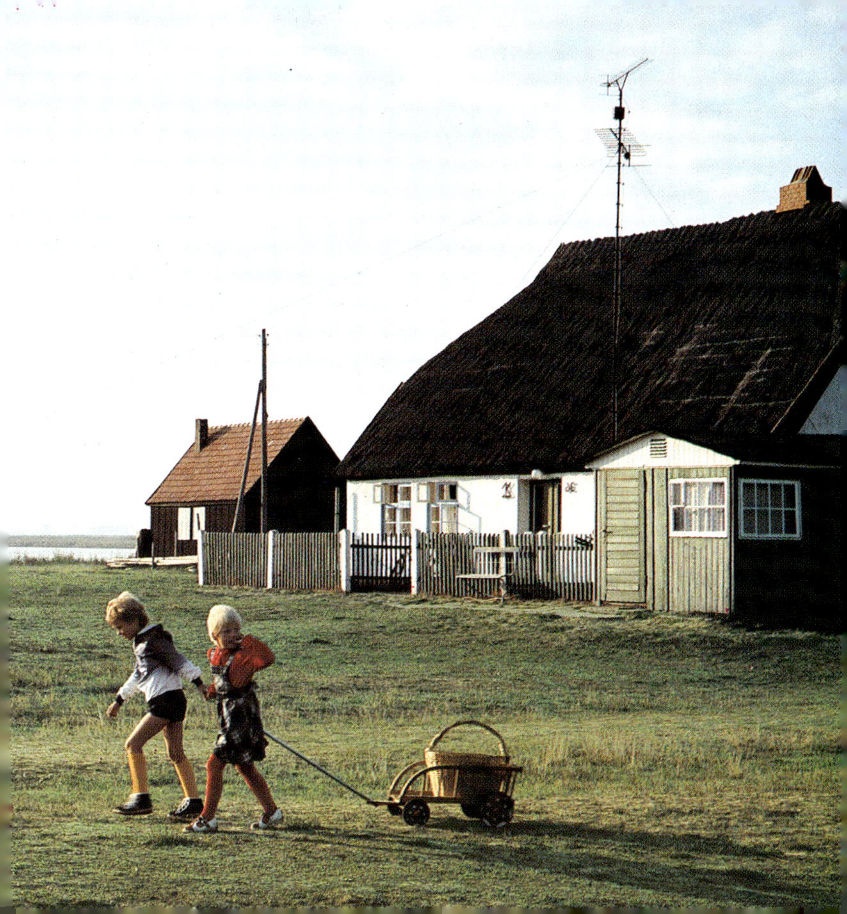

45 Schiff auf Steinen

Dem mehr als vier Jahrzehnte auf Hiddensee tätigen Pastor Arnold Gustavs (1875–1956) ist die kulturhistorisch wertvolle Sammlung alter Grabsteine vor dem Eingang der Kirche in Kloster zu verdanken. Pastor Gustavs ließ alte Grabsteine, die sich an verschiedenen Stellen des Friedhofs befanden, von Pflanzenbewuchs reinigen und ihre Inschriften dokumentieren. Von 68 Steinen, die unter Denkmalschutz stehen, tragen 35 eine Hausmarke. Auf 23 Steinen sind Schmuckornamente eingemeißelt. Fünf Steine tragen eine Schiffsdartellung. Die Schiffe auf den Grabsteinen sind recht wirklichkeitsnahe Abbildungen jener Segler, auf denen die Verstorbenen einst zur See gefahren sind. Verzierungen auf Grabsteinen sind u.a. geflügelte Engelköpfe, Anker, Schlangen, die aufgehene Sonne und nautische Geräte. Alle Grabsteine aus dem 18. und 19. Jahrhundert auf dem Friedhof stehen unter Denkmalschutz.

Historischer Grabstein auf dem Inselfriedhof

Die Hoffnung
des wiedersehens

46 Engel am Himmel

Die einzige Kirche auf der Insel Hiddensee steht in Kloster. Zisterziensermönche gründeten im Jahre 1296 das Kloster zum Heiligen Nikolaus. Die Kirche wurde 1332 eingeweiht. Sie stand einst vor dem Klosterhof und war für die Andachten der Bevölkerung vorgesehen. Der Kunstmaler Niemeier verzierte die Tonnendecke des schlichten Gotteshauses 1921 mit einem Rosendekor. Der Taufengel, der an dieser Decke schwebt, stammt aus der ersten Hälfte des 18. Jahrhunderts. Früher wurde er zu Taufhandlungen von der Decke heruntergelassen. Sehenswert ist auch die Grabplatte für den 1475 verstorbenen Abt Runnenberg, die seitlich vom Altar an der Nordwand der Kirche angebracht worden ist. Daneben befindet sich ein rechteckiges Tafelbild, datiert auf den 25. Juli 1611. Es zeigt die Silhouette einer Küstenstadt mit einer längeren Inschrift.

Die Inselkirche von Kloster

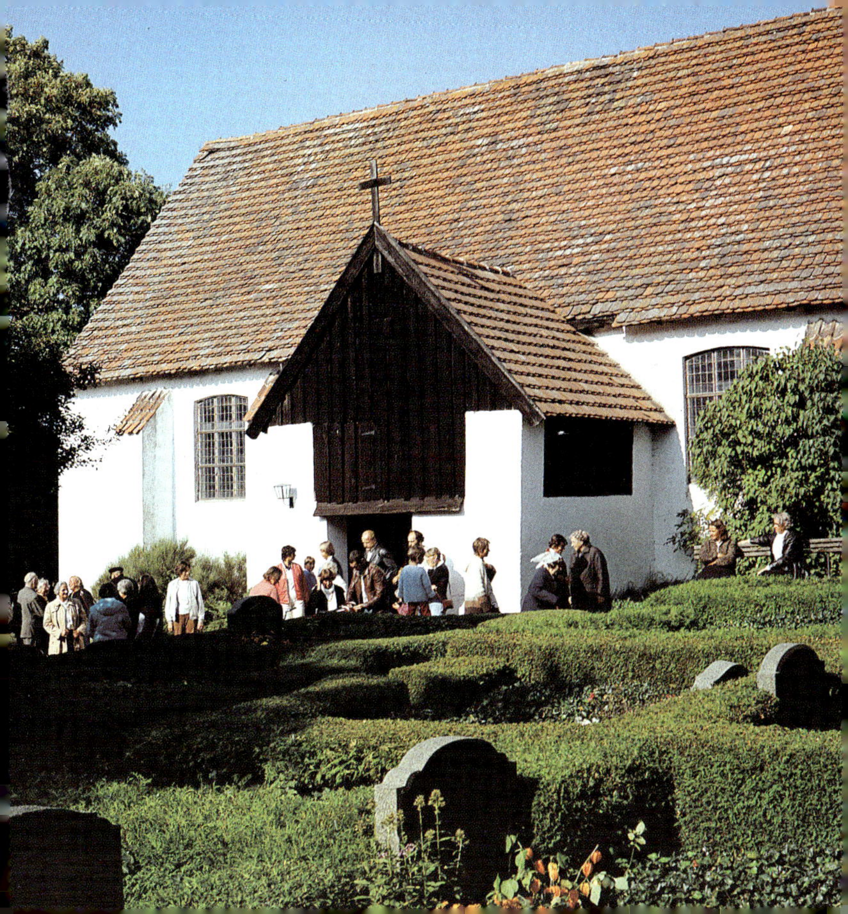

47 Große Geister

Gerhart Hauptmann nannte Hiddensee 1935 das „geistigste aller deutschen Seebäder". „Unter den Gästen von Hiddensee haben sich, abgesehen von den schönen und schönsten Frauen, Dichterinnen, Dichter, Maler, Bildhauer, Musiker, Schauspieler und sonstige Künstler ohne Zahl befunden. Männer klangvollster Namen, auch aus allen Gebieten der Wissenschaft." In den ersten Jahrzehnten des 20. Jahrhunderts erholten sich auf Hiddensee u. a.: die Schauspieler Willy Forst, Otto Gebühr, Heinrich George, Asta Nilsen, Max Reinhardt, Paul Wegener, Eduard von Winterstein, Gustav Gründgens, Gustav Knuth, Billy Wilder. Die Maler und Bildhauer: Conrad Felixmüller, Käthe Kollwitz, Max Lingner, George Grosz, Ernst Barlach. Die Wissenschaftler: Albert Einstein, Max von Laue, Siegmund Freud. Die Schriftsteller: Hans Fallada, Lion Feuchtwanger, Joachim Ringelnatz, Ernst Toller, Stefan Zweig, Th. Mann.

Hauptmann-Haus in Kloster

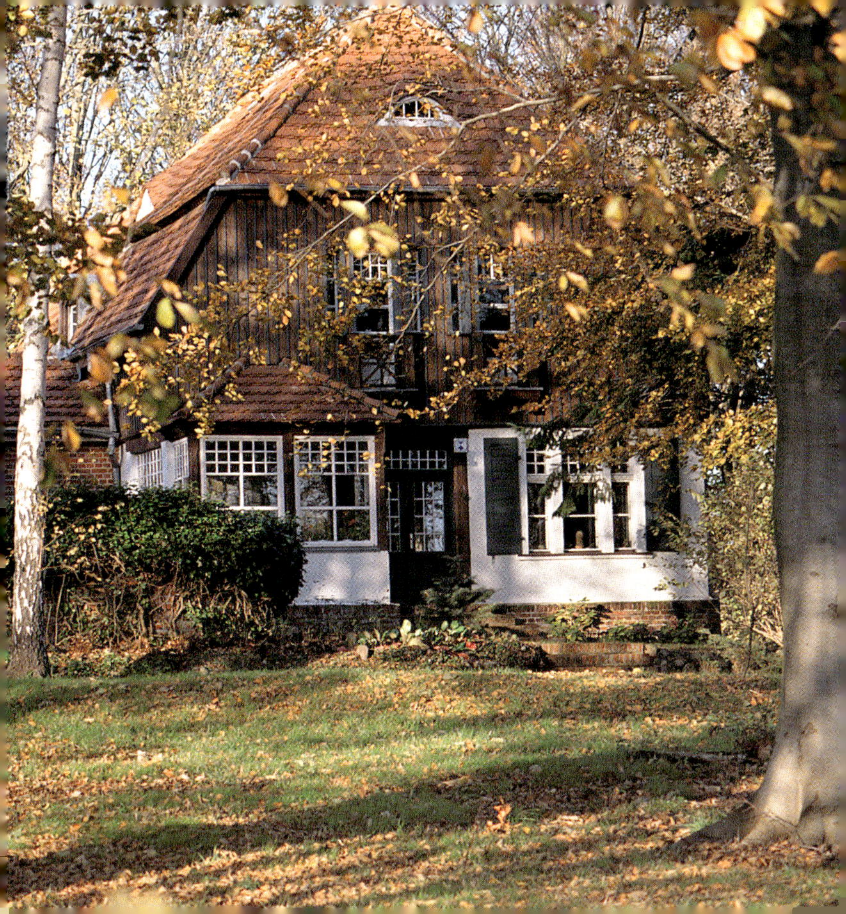

48 Licht vom Dornbusch

Das bergige Gelände oberhalb von Kloster wird Dornbusch genannt. Dort steht auf dem etwa 70 Meter hohen Schluckswiek der 1887/88 erbaute Leuchtturm. Das 28 Meter hohe Bauwerk wurde bereits 1927 mit einem Stahlbetonmantel umgeben, damit die durch Erdverschiebungen entstandenen Risse die Stabilität des Turmes nicht weiter gefährden. Ein fressnelscher Linsenapparat, der mit 20 Linsensystemen besetzt ist, dreht sich um eine 2000-Watt-Glühlampe. 200 Sekunden dauert eine Umdrehung dieses Systems. Das Leuchtfeuer blinkt 2,5 Sekunden, dann folgt eine Pause von 7,5 Sekunden. Aus 21 Seemeilen Entfernung ist das Hiddenseer Leuchtfeuer zu erkennen. Im Süden der Insel Hiddensee, unweit von Neuendorf, wurde im Jahre 1905 ein kleineres Quermarkenfeuer errichtet. Der Turm ist nur zwölf Meter hoch. Bei Dunkelheit blinkt dieses Leuchtfeuer, das am Rande des 950 Hektar großen Naturschutzgebietes Gellen und Gänsewerder steht. Die Südspitze der Insel Hiddensee ist im Frühjahr und Herbst Rastplatz von tausenden Wasservögeln.

Der Leuchtturm auf dem Dornbusch

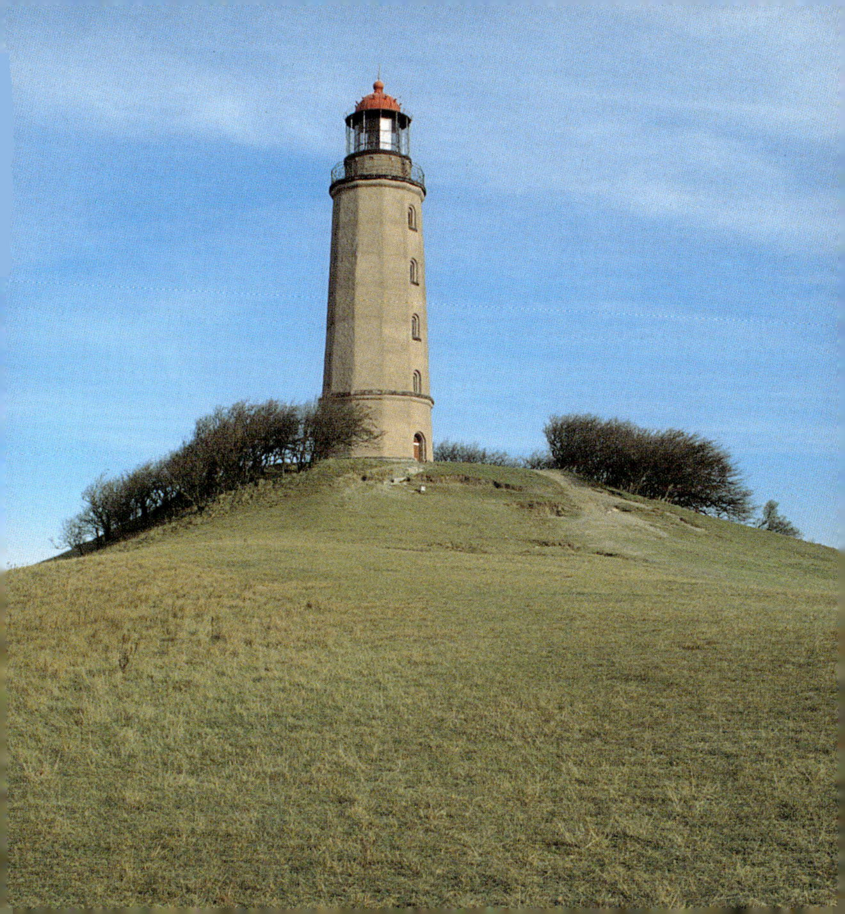

49 Noch eine Liebeserklärung

Es liegt ein Land im Meere / Ein kleines Inselland / Das zieht aus weiter Ferne / Mich oft an seinen Strand.
Wie grüßen seine Felsen / Die blendend weiß wie Schnee / So freundlich und so lockend / Hinaus weit auf die See.
Uralte Buchenbäume / Auf steilem Küstensaum / Sie schauen so ernst hernieder / Auf losen Meeresschaum.
Wie glücklich ist das Völkchen / Das diese Fluren baut / Zufriedenheit und Frohsinn / Aus jedem Auge schaut!
Drum kann mir wohl gefallen / Das schöne Rügenland / Und freudig kann ich eilen / So froh an seinen Strand.

Fritz Worm, Rügenscher Heimatdichter

Stadtsilhouette von Stralsund